吸引力法則

失落的致富經典 作者所有論述完整收錄

追求財富 邁向卓越 極致健康
召喚宇宙大智慧

讓你夢想成真的終極指引

經營之神 **稻盛和夫** 大力推崇的成功信條
亞馬遜書店暢銷榜歷久不衰的傳奇作品

《心靈雞湯》系列作者 **傑克・坎菲爾德** 的思想核心來源
《祕密》作者 **朗達・拜恩、歐普拉** 等名人全心奉行的信念準則！

The Law of Attraction

作者／**華勒思・華特斯** 譯者／**馮國濤**
（Wallace D. Wattles）

成功人士聯袂推薦

Vera 日本失心瘋俱樂部版主

RingRing 療癒作家

王莉莉 《祕密》系列譯者、身心靈講師＆作者

江大成 大成小館創辦人

杜云安 創富教育集團 CEO

呂昇達 烘焙名師暨溫泉吐司創始人

林宗伯 暢銷書《熱迷行銷》作者

林玟妗 時兆集團創辦人

林裕峯 亞洲華人提問式銷售權威

周品均 唯品風尚集團 執行長

徐薇 英文名師

許瑞云 心能量管理中心執行長

梅塔 自媒體百萬獲利法則作者

游祥禾 禾禾商學院創辦人

黃正昌 美門企管顧問公司執行長

黃瑩 漢聲電台快樂向前行節目製作主持人

劉滄碩 豐盛心靈寫作創辦人

趙胤丞 《高效人生商學院》podcast 共同創辦人

鄭立德 談判溝通超業培訓師

鄭緯筌 《經濟日報》數位行銷專欄作家

貓眼娜娜 知名作家

羅雅萱 德內朋潛意識改造學苑創辦人

　　本書講究務實，並不天馬行空；是實用的操作手冊，不是學說論文。本書為熱切追求自我實踐、追求成功、追求財富、追求健康的讀者而寫，就是那些要先成為有錢人，其它再說的人們。尤其適合對於始終沒有時間、找不到辦法與機會鑽研形而上的學問，即使尚未能身體力行，依然很樂意探求以科學方法推導出重要結論的讀者。

　　我期許讀者們先採納本書的論述基礎，以自身的強烈信念接受，排除畏懼與猶豫，以行動來證明照做的人都能變得富有，不可能會失敗。事實就是這樣。

　　為了讓任何人都能理解，本書採用簡潔平易的風格撰寫。書中提供的行動方案已通過全面驗證，經得起現實測試的至高考驗，確實可行。如果你想在現實生活中收穫大師哲思的甜美果實，就依照本書的指引去做。祝福您！

身、心、靈全方位觀照的
吸引力法則

「宇宙的形成，是要讓世間萬物都為了你的利益而運作。」

接到這本書的翻譯工作，是很奇特的緣份。

2020 年初開始肆虐全球的新冠肺炎（COVID-19）疫情，打亂了所有人的人生計畫及生活型態，我也不例外。開始在家工作之後，我找了許多書來自我進修，希望能為混沌不明的未來找到值得期待的出路，這時候，好友推薦了我華勒思的《致富科學》（The Science of Getting Rich）的原文書。

這本書的文字不算太多，我很快讀完之後，馬上得到的直覺反應是——「這不就是吸引力法則嗎？」。經過一番探索之後，發現這本書的中譯本以《失落的致富經典》為名在市面上發行的有好幾個版本，才知道我在華勒思的全球讀者裡還算是新鮮人。

到了 2020 年的年底，奇妙的事情發生了，有出版社找我合作華勒思作品的翻譯工作。雖然我對華勒思的作品極有興趣，但著手翻譯給現今的讀者閱讀，加上以全集的規格來工作，我在斷斷續續還有其它文字工作進行中的情況下，終於在 2023 年底將譯稿工作完成了。感謝大宇宙的最高智慧，感謝華勒思。

華勒思·D·華特斯（Wallace Delois Wattles, 1860 - 1911），1860 年在美國出生的，童年適逢美國在南北戰爭時期，他所成長的伊利諾州沒有奴隸制度，在麥克亨利郡農達鎮的農場擔任農場工人的父親負擔起養育一家三口的責任，雖然在中西部鄉村自由平等的氛圍裡長大成人，華勒思沒有接受過什麼正規教育，他發現自己似乎不屬於商業化的世界，與財富無緣。

在 19 世紀末期，促成後來幾個霸權國家發動世界大戰的科技型第二次工業革命剛要萌芽，商業的資源與思維還掌握在社會少數菁英手中，像華勒思那樣停留在農業社會的平民老百姓只懂得生活需求要用金錢來解決，基本上不容易理解商業行為的本質，更別提想進入商業化的世界裡獲取大筆財富了。

他研讀黑格爾和愛默生等人著作，通過個人研究

與試驗，他悟透了新思維哲學的奧義，在自己的生活中付諸實踐，然後將心得寫成文章發表且集結成書出版，去世前的最後三年裡，他的作品讓他在財富上有很大的收獲。

1896 年，華勒思在芝加哥參加了一場「改革者大會」，並見到了喬治‧戴維斯‧赫隆（George Davis Herron），他是一位公理會牧師及神學教授，當時他因宣揚某形式的基督教社會主義而受到全美國的關注。

在遇見赫隆之後，華勒思成為一位社會夢想家，並曾一度在衛理公會擔任職務。

新思維運動是 19 世紀初在美國興起的新宗教運動，累積了來自不同起源的智慧和哲學，如古希臘、羅馬、埃及、中國、道教、吠陀、印度教和佛教文化及其相關的信仰體系，主要涉及心靈中思想、信仰、意識之間的互動，以及相關議題在心靈內外的影響，被追隨者認為是古代思想的集大成者。直接傳播路線或許無跡可循，但許多 19 世紀和 20 世紀新思維的追隨者聲稱自己是上述信仰體系的直系後代。

儘管新思維哲學有許多導師和各種分支，但新思維的起源往往會被追溯到心靈治療師菲尼亞斯‧昆

比（Phineas Parkhurst Quimby），甚至可以追溯到德國心理學家弗朗茲・梅斯梅爾（Franz Friedrich Anton Mesmer），他是最早將人的心智狀態與身體狀況聯繫起來的歐洲思想家之一。當代新思維運動是一個由宗教教派、作家、哲學家和個人組成的鬆散聯盟團體，他們擁有一套關於形而上學、正向思考、吸引力法則、療癒、生命力、創造性想像和個人力量的信念。

新思維認為至高智慧（或稱上帝）無所不在，心靈是事物的真正主體，人的本我是神聖的，神聖思想是一種向善的力量，疾病源於心靈，「正向思維」具有療癒作用。

華勒思在追求極致健康方面也有深入研究，自己是禁食主義的倡導者。他認為能量和力量並非來自食物，而是來自一種「神祕的力量」，一種在睡眠期間由上帝透過大腦接收到體內的生命力。華勒思相信禁食打開了精神永生的可能性之門。他提倡當時蔚為風潮的「細嚼慢嚥提倡者」郝利思・弗萊澈（Horace Fletcher）的理論以及愛德華・胡克・杜威（Edward Hooker Dewey）的「不吃早餐計畫」，在自己的生活中力行。

華勒思的三部重要作品《致富的科學》（The Science of Getting Rich）、《成功的科學》（The Science of Being Great）、《健康的科學》（The Science of Being Well），皆以「科學」之名演繹，然而20世紀初的華勒思對於「科學」一詞的認定邏輯是：「相似的原因可以產生相似的結果」，這就當今的讀者看來，定義有失精確亦稍嫌簡單，不過在20世紀初的西方社會，科學正以摧枯拉朽之勢刷新人們的三觀（人生觀、價值觀、世界觀），大家在探索進化速度快到超乎想像的新世界時，科學思維不失為前衛且實用的思維工具。

尤其在當時，對於始終抱持「真的嗎？什麼都不懂的我也能致富？」這樣自我懷疑的商業時代「原始人」而言，華勒思以科學的敘事手法告訴人們，能否致富和膚色、居住地、學歷等現實條件無關，按照他說的「特定方式」去做，就能致富，因為實際案例證明了有人能做到，所以這個「特定方式」值得一試。

不只是追求財富，邁向卓越的人生、為自己打造極致健康的身體，都可以基於同樣的新思維哲學讓自己以「特定方式」實現目標。

華勒思的作品百餘年來一直在影響世人，是日本「經營之聖」稻盛和夫極力推崇的成功信條，熱門電影《祕密》（The Secret）和同名暢銷書作者朗達·拜恩（Rhonda Byrne）曾對媒體說過，她的創作靈感來自於華

勒斯的《致富的科學》。

「你身上有一種無敵的力量，同樣的力量也存在於你想要的東西中。這力量把你想要的東西送到你面前，也促使你向它們靠近。」

1907 年，與華勒思有密切合作的伊莉莎白·湯（Elizabeth Towne）出版了布魯斯·麥克利蘭（Bruce MacLelland）的《通過念想力顯化豐盛》（Prosperity Through Thought Force），他在該書中將「吸引力法則」概括為新思維哲學，指出「你就是你想的，不是你認為的」，就字面上的斟酌而言，「你想」表示直覺的念想，而「你認為」則是通過理性思考而做出的認定，之所以降低「你認為」的可信度，是因為人在理性思考的過程會因為種種沒必要的疑惑與怯懦而自我否定，導致認知上的偏差。

吸引力法則是新思維的精神信仰，主張的是積極或消極的思想，會為人們的生活帶來積極或消極的經歷。基於這個觀念，人和其念想是由「純粹能量」構成，而相似的能量會吸引相似的能量，使人們可以改善健康、財富狀況以及人際關係。

吸引力法則，可以說成各種自助策略，可以透過在內心描繪個人的願景來實現夢想，方法是正向思考，或向「大宇宙」提出請求，再佐以個人行動來達成目標。

　　「你若像造物者一樣思考，你就是造物者；像造物者一樣思考，你必會行事如造物者。神聖的念想，肯定會在神聖的生活中顯化。」

　　本書譯自華勒思的四部重要作品：【概論篇】譯自《心想事成的祕方》（Get What You Want）、【追求財富篇】譯自《致富的科學》（Science of Getting Rich）、【邁向卓越篇】譯自《成功的科學》（The Science of Being Great）、【極致健康篇】譯自《健康的科學》（The Science of Being Well），是華勒思五十出頭人生歲月的智慧精華。市面常見的是《失落的致富經典》單一作品版本，為了完整觀照身體、心智、靈性的吸引力法則，本作品集結四部重要作品以完整闡釋華勒思受新思維運動薰陶之後的思想結晶，相信能引導讀者大眾在吸引力法則的驅使下顯化豐盛的人生。

譯者／馮國濤

目 錄・CONTENT

【邁向卓越篇】/ 113

成功的祕密

凌駕於金錢之上的財富

心想事成
的祕方

—你獲得你想要東西的速度，取決於你如何善用你所擁
有的資源。

—當你全身心投入到當前的工作中並完美達成時，你的
超額能量會將工作拓展到更廣闊的領域。

—只要每天都能勝任當前的工作，晉升指日可待。

—隨著時間的推移而努力發展你的才能，心想事成的那
一天必定指日可待。

第1章 · 你可以成功

> 任何案例中，成功在本質上皆一致；差別在於不同的成功人士追求的事物各有差異，而「成功」則是殊途同歸的終點線。

成功是努力之後的果實，它存在著因果關係。

成功，可能是收穫了健康、財富、大好前程或是地位；不管是收穫到什麼，成功就是有所收穫。各種成功，基本上都一樣。

相似的原因總會產生相似的結果，這是自然界的法則。因此，既然各種情況下的成功都相同，那麼任何情況下的成功，其因素必然有共同點。

成功者總是依循著成功法則做事，此事毋庸置疑。**如果成功法則是客觀存在的，並不因人而異，那麼任何情況相似的人都能成功。**

成功的原因不在於個人的環境，因為如果是的話，特定範圍內的所有人都會成功，而成功就完全是區域性的現象；我們看到的是，環境幾乎相同、住在同一個街區的人們向我們展示了不同程度的成功和失敗；因此，我們知道成功的原因必定取決於個人，而不取決於其他因素。因此，從理論上來講，如果你能找到成功的原

因，將其發展到足夠的強度，且正確運用到你的工作中，你就一定能成功；一個因素的充分運用，勢必能得出一個既定結果。如果任何地方、任何類型出現誤差，往往是因為條件不充分或資源沒有被正確運用。

成功的原因，在於你內心的某種力量。你可以無限制地發展任何能力，因為心智的成長永無止境；你可以無限制地增加內在力量的強度，讓它強大到足以執行你想完成的事，得到你想得到的東西；當它足夠強大時，你就能學會如何將它運用到工作中，因此，**你一定能成功。你需要學習的只是成功的原因是什麼，以及如何運用它。**

發展可在工作中大展身手的獨特能力，至關重要。我們不該期待任何人在不發展音樂能力的情況下成為一名成功的音樂家；如同期待機械技師在不發展機械能力的情況下取得成功，牧師在不發展心靈溝通和言語表達的情況下取得成功，或者銀行家在不發展金融能力的情況下取得成功，都是荒謬可笑的。

在選擇所從事的業務時，你應該選擇能夠發揮你最強才能的業務。如果你有良好的機械能力，但是對宗教信仰欠缺悟性，也不善於言辭，就不要試圖傳道；如果你有品味和天賦，可以將色彩和布料結合起來，創造出美麗的女帽和連衣裙，就不要學習打字或速記。

進入一個能夠發揮你最強能力的行業，盡己所能去發展相關才能，即使未能立即成功也該這麼做。

某些人有出色的音樂天賦，但未能成為優秀的音樂家；具有優秀機械能力的人，未必是成功的木匠、鐵匠或機械技師；擅長心靈溝通與言語表達，但無法成為傑出的牧師；頭腦敏銳、邏輯嚴謹，未必是個成功的律師等等；你在工作中使用的獨特能力就是你使用的工具，成功並不僅僅取決於擁有好工具，它更多地取決於使用和運用工具的力量。你應該擁有最好的工具並使之保持在最佳狀態，將任何能力培養到任何想要的程度。

音樂才能的運用，會造就音樂方面的成功；機械能力的運用，會造就機械方面的成功；金融能力的運用，會造就銀行業的成功等等；運用這些才能或促使它們被運用的事物，就是成功的因素。**能力是工具，工具的使用者是你自己，促使你在正確的時間、正確的地點以正確的方式使用工具的能力，就是成功的因素。**

一個人身上有什麼東西可以使人成功運用自己的才能呢？這東西是什麼以及應當如何開發它，將在下一章進一步闡釋。在開始之前，你應該將本章多讀幾遍，以便在腦中牢牢記住「你可以成功」這個堅不可摧的邏輯。你能成功，如果你好好鑽研前述論點，你就會確信你能成功。**成功的首要條件，是堅信自己能夠成功。**

第 2 章 · 在潛意識裡確信你能成功

> 人的思維能力是成功的最佳利器,將思維能力
> 善加運用到工作或業務上就能成功,獲得你想要的
> 東西。

　　有些人能成功,是因為他們成功運用了自己的才
能,而大多數擁有同樣優秀才能的人卻失敗了,因為他
們沒有成功運用自己的才能。成功的人身上有某種東
西,使他能夠成功運用自己的才能,而所有成功的人都
必須培養某件事;問題在於,那是什麼事?

　　想找到一個詞來表達這件事而不造成誤導,並不容
易。這件事是蓄勢待發;蓄勢待發是一種條件,而此事
既是一種行動,又是一種條件。這件事也是信念,而又
不僅是信念,正如人們通常所理解的,信念是一種毋須
驗證便去相信的行為,而導致成功的因素還不止於此。
這是行動中的意識力量,這是積極的能力意識。

　　**當你知道自己能做到某件事時,這種感受就是能力
意識,你懂得「事情該怎麼做」。**如果我能讓你知道你
能夠成功,且知道你懂得如何成功,那麼我已經將成功
置於你的掌握之中;因為如果你知道你可以完成一件事
並且確信你懂得如何完成,那麼只要你動手做,你就做

得到。當你處於全然的能力意識中時，你就會以一定要成功的心態來完成任務。每個想法都是成功的想法，每個作為都是成功的作為；**如果每個想法和作為都是成功的，那麼你所有作為的總和都不會失敗。**

本書就是要教你如何在自己身上創造能力意識，讓你知道你可以做你想做的事，並且教你如何去做。

世上所有腦袋想得出來的事你腦袋裡也有，差別（如果有的話）在於如何開發出來。尚待發展的事物總是有發展的可能，這是天性本能，所以顯而易見的，成功的要素操之在你手上，你有能力做到充分的發展。

讀到這裡，**你應確信自己必能有所成就**。然而，僅僅相信自己做得到是不夠的，你必須明白自己就是做得到，和客觀心智一樣，**潛意識必定知道此事。**

有句話說：「認為自己做得到，那就做得到」，這句話其實有待商榷。如果只論及客觀心智，即使知道自己做得到的人也未必真能做到，因為潛意識常常會完全擱置並推翻客觀心智已明確認知的事情。然而，倒是有一個真實的說法：**若在潛意識裡知道自己做得到，那就做得到**，如果他的客觀心智已受過訓練來完成此事，則尤其如此。**人們之所以失敗，是因為他們在客觀上認為自己可以做到的事，在潛意識裡並不認為自己能做到。**

即使現在，你的潛意識也很可能對自己的成功能力抱持著疑慮。任何疑慮都必須被清除，以免當你最需要的時候潛意識卻不發揮作用。

潛意識是任何官能在運作時的力量泉源，疑慮會導致力量被抑制，運作起來就會軟弱無力。為此，**你的第一步就應該從潛意識出發，確信自己做得到，這必須經由反覆的提示來完成。**

每天進行幾回這樣的心智練習，尤其是在睡前：

靜靜思索潛意識的心態，如同水分滲入海綿裡一般，潛意識滲透在整個身體裡，思及此，試著感受看看，你很快就能有所意識。保持這個感知，**以深刻而真誠的情感說：「我能夠成功！別人能成功，我也能成功，我是成功者。我充滿著成功能量，我要成功了。」**

這個道理並不複雜。深信此事不假，一再重複操作，直到你的心態澈底飽和，知道你可以做你想去做的事。你做得到，別人已經做到了，而你可以做得比任何人都還要好，因為還沒人能用盡所有能夠使用的力量。在你的事業上，你有能力締造超越前人的巨大成就。

堅持不懈地練習上述自我暗示一個月，你會開始確知你具備達成想做之事的能力，並為下一階段做好準備，該階段會告訴你如何推進你想做的事情。請記得，先在潛意識中烙印下你做得到的覺知，這絕對是基本要件。

第3章 · 善用既有資源，向目標推進

當你的心態、意識和潛意識都充滿了你能夠心想事成的信念後，下一個課題是用什麼方法能做到。你知道如果以正確的方式推進，你就能做到，然而正確的方法是什麼呢？

為了獲得更多，你必須善用所擁有的資源。你只能動用自己擁有的事物，所以，**挑戰就在於如何最高效運用既有的資源。**

別把時間浪費在想著等到你擁有了某個尚未到手的事物時你會如何運用它，單純地將心思投注在如何善用眼前所擁有的資源。想當然耳，當你完美極致地運用手上擁有的資源，你會推進得更快。

事實上，**你獲得你想要東西的速度，取決於你如何善用你所擁有的資源。**許多人處於停滯狀態，或者發現事情進展得很緩慢，那是因為他們只局部運用了現有的手段、力量和機會。

藉由觀察生物界來推想，你或許更能看清這一點。

在進化過程中，松鼠的跳躍能力得到了最大限度的發揮。然後，不斷努力前進，飛鼠誕生了，飛鼠的腿上有一層飛膜，形成降落傘，使飛鼠能夠滑翔出比普通跳

躍更遠的距離。飛鼠的跳傘稍加延伸就產生了蝙蝠，它有膜質翅膀，能飛；持續的飛行使這隻「鳥」長出了羽毛翅膀。從一個地方到另一個地方的轉變，很純粹地藉由功能的優化和擴展來完成。如果松鼠沒有越跳越遠，就不會有飛鼠，也不會有蝙蝠飛行的能力。

　　跳躍力的極致運用，產生了飛行。如果你只使出半分實力去跳躍，你永遠也飛不了。

　　在自然界中，我們看到生命藉由優化較低層次的功能而從一個層次進展到另一個層次。每當一個有機體所包含的生命能量多於在其自身層次上完美運作所能表達的生命能量時，它就會開始操作下一個更高或更大層次的功能。第一隻開始發育降落傘膜的松鼠，一定是個非常完美的跳躍者。這是進化和一切成就的基本原則。

　　依此法則，你只能經由超越當前的層次來進步。你必須完美執行你現在能做的一切，**成功法則是，完美達成你現在能做的一切，你以後就能達成你現在做不到的事情。將一件事做到盡善盡美，必然會為我們提供做下一件更大事情的資源，因為生命不停進步是自然界的既有原則。**每個把一件事做得完美的人都能立即有機會開始做下一件更大的事情。這是所有生命皆適用的通則，顛撲不滅。

　　首先，把現在能做的事情做好；繼續完美地做，直至做到得心應手，完美達成之後你尚有些許餘裕；然

後，藉此餘裕，你就能掌控更高層次的工作，並開始拓展自己與周遭環境的對應關係。

即使必須從基層做起，也應該選擇投入一個能發揮你最強才能的行業，然後把你的能力發揮到極致。培養能力意識，俾使你能成功地運用自己的才能，在你當前所處的位置完美地達成你現在能做的一切。別光是等待周遭環境改變，此事也許永遠不會發生。**你唯一可以獲得更好環境的方法，是積極有效地利用眼前的環境。唯有極度充分利用眼前的環境與資源，才能讓你在更加如魚得水的環境大展身手。**

如果你想擴展目前的事業，請記住，你只能以最完美的方法開展既有事業才能做到這一點。當你把足夠的精力投入到你的事業中，並且超出它的規模時，溢出的獲利就能為你帶來更多生意。

> 完美達成當下必須做的所有事情之後，在你行有餘力之前，先別再追逐更多的利益。超出你的人生中可以完美達成的工作或生意，多做無益，基於此，先增強自己的生命力。

請記得，正是你完美達成眼前必須做的事情，才得以拓展你的事業範疇並讓你觸及更廣闊的發展空間。

請記住，驅使你獲取渴求事物的動力，源自於你的生命，所以歸根結柢，你想要的是讓生命更加飽滿，因

此，唯有依循成功法則你才能心想事成，讓生命全然藉由此法則持續推進，達到更飽滿的展現。

此法則是，當一個有機體擁有的生命力遠大於在既定層次上完美運作時所展現的程度時，它的超額生命力就會使其晉升到下一個更高的層次。**當你全身心投入到當前的工作中並完美達成時，你的超額能量會將工作拓展到更廣闊的領域**。你應該明瞭自己想要什麼，如此一來你的超額生命力才會導向正確的方向。

為你想要完成的事情描繪出清晰的概念，但不要因為心中有事情想要去做而干擾了你應該完美達成眼前的任務。對於自己想要什麼的概念，是你生命能量的指引，也是促使你盡全力將能量運用到當前工作上的誘因。

從現在開始，為將來而活吧！假設你的願望是擁有一家百貨公司，而你當前的資金只夠開一個花生攤，那今天就別想著靠花生攤的資金開百貨公司，應該要滿懷信心地開設花生攤，而且相信自己能夠把它發展成一家百貨公司。把花生攤視為百貨公司的起點，努力讓它發展壯大，這是當前的你做得到的。

善用你既有的事業來獲取更多業務，善用你既有的朋友圈來結交更多的朋友，善用你當前職位來獲得更好的職位，善用你家裡給予你的愛來獲得更多的家庭幸福。

第 4 章 · 盡己所能，全力以赴

⋯⋯⋯⋯⋯⋯⋯⋯⋯⋯⋯⋯⋯⋯⋯⋯⋯⋯⋯⋯⋯⋯⋯⋯⋯⋯⋯⋯⋯⋯⋯⋯⋯

只有將才能運用到工作和環境中，你才能獲得你想要的東西，藉由能力意識的掌控，你能成功運用自己的才能；你會專注於每天的工作，完美達成當前所做的一切，繼續推進。

你每天都應該確保成就了當前最棒的事，不要老是想著當前能力無法企及的事物，不過，**對於比當前可以擁有的最好事物還要差的，絕對不要將就，但也別浪費精力去追求目前無法擁有的東西。**

如果你總是擁有力所能及的最好事物，你會繼續擁有越來越好的東西，因為宇宙有個基本法則是，生命會持續發展壯大，並且不斷使用著更多更好的事物，這就是促成進化的原理。如果尚未獲得最好的事物就能滿足你，那你很可能會停下向前推進的步伐。

所有你做過的交易與建立的關係，不論在商務、家庭還是社交方面，在日後必定都會成為你所追求之事的墊腳石，為了達到這個目標，你必須在每個面向都竭盡自己的生命力來使其豐盛。

每件你所做的事，都應當保有餘力。超額的生命力

能促成進步並讓你心想事成；沒有餘力，就難以進步，更遑論有所成就。正是超出現有周遭資源所運作的超額生命力，才能夠促成進化。進化，能使你心想事成，使得生命達到更多進展。

打個比方，假設你從事貿易或某項專業，並且希望拓展你的業務；你在出售商品或服務時，如果只是照章辦事，收顧客的錢而提供他等值的商品或服務，然後當他在結束交易時覺得你除了提供他公平的交易並由此獲利之外，未能讓人感受到熱忱，這樣是不行的。除非他覺得你對他個人及其需求極有熱忱，並且真誠希望為他增添利益，否則你就不算成功，甚至進退失據。

當你能讓每個客戶都感覺到你真誠把他的事當做自己的事，在努力促進他的利益時，你的業務就會增長。

要實現這個目標，你不必比別人給出更多的優惠、更有分量的饋贈或更好的價值，此事可以通過將生命力和利益投入到每次交易來達成，交易大小並不重要。

如果你想拓展副業，就讓你現在的事業成為你想要邁向下個事業階段的墊腳石。只要你致力於讓自己的事業充滿生機，你所獲得的收益都會導向你想要的方向。

對於在商務或社交場合中遇到的每個人，不分男女老幼，都應抱持濃厚興趣，並真誠希望他們得到最佳待遇。他們很快就會感受到你想促成給他們帶來利益的事物，為此而回報你的好意是理所當然的共識。這會形成

一個對你有利的能量場，為你開關前進的道路。

如果你是一名員工，渴望升職，那就**將熱忱與活力投入在你所做的每件事中，竭盡你的生命力與熱情去充實每一個工作**。切莫奴性大發，永遠不要做馬屁精；最重要的是不要變節賤賣你的智慧，這是我們當前許多行業和大多數職業的惡習。我指的是，那將成為各類不道德、貪污、不誠實或惡習的護航者與捍衛者。

智慧知識的賤賣者可以靠其服務扶搖直上，但靈魂終究會迷失。尊重自己，對所有人保持絕對公正；將生命融入每一個行為和思想中，並將能力意識的念想錨定在「謀求晉升是你應有的權利」這一事實上。**只要你每天都能勝任當前的工作，晉升指日可待**。即使當前的雇主不拔擢你，你終將得到其它雇主的賞識；職場的通則就是，表現遠超過目前職位的人必能獲得晉升。沒有了這個通則，進化就不會發生，凡事將停滯不前。

請留意以下事項：

僅僅將超額生命力投入到你業務的周邊關係是不夠的。如果你是個好商人或雇員，但卻是個差勁的丈夫，一個偏心的父親，或者一個不值得信賴的友人，你的發展會很有限。你在這些方面的不良表現會使你無法運用某些成就來促成人生的進展，成功法則難以在你身上作功。許多謹遵商務法則的男人，因為沒能善待妻子或在生活中其他關係上有所缺憾而有志難伸。

要依循進化力量的運作，僅只是滿足每個既有關係的需求是不夠的。

有個電報員想要改變現狀，到小農場展開新生活。他開始朝著這個方向推進的第一步，是對妻子示好。他對妻子展開「追求」，對於自己的夢想則輕描淡寫，妻子從原先的不太附和轉變為產生興趣並渴望提供幫助。不久，他們在城郊處取得了一小塊土地，妻子飼養了一些家禽並管理著花園，而他則主導全局。夫妻倆終於擁有自己的農場，男主人實現了願望。

> 竭盡你的生命力去投入到所有的連結裡，無論是商業關係、家庭關係還是社交關係，懷抱信念以豐盛所有的關係，這就是能力意識。

通過將生命力與熱情融入到你與周遭所有人的關係中，你不僅能確保與家人的協作，甚至可以確保與周圍所有人的合作。

> 對於未來要有願景，每個當下都盡己所能；在任何時候，永遠不要滿足於當下所能擁有的最好事物，避免花費精力去渴望當前還沒到手的東西。善用所有資源來推進你的人生，並協助所有與你有任何關係的人。遵循這些行為準則，你就能心想事成；因為宇宙的形成，是要讓世間萬物都為了你的利益而運作。

第 5 章 · 謹守目標，做人生的主宰者

　　清楚地了解你想做什麼，在內心形成在該職務中締造最大成就的概念，並確定你將實現此目標。花大量的時間來形成這個概念或心理願景，越清晰越明確，你的工作就會越得心應手。

　　財富思維，源自於善用環境裡的人事物。首先，清楚了解自己想要什麼。如果你目前從事著不是最適合你的才能和品味的職務，請選擇最適合的一項，下定決心進入該領域，並在其中取得最大成功。

　　一個不確定自己想要建造什麼的人，打造出來的成果往往經不起考驗。

　　知道自己想要什麼，並將你的願景日夜銘記在你的腦海中；讓它像你房間牆上的一幅畫一樣，無論白天黑夜，始終存在於你的意識中，然後開始朝它推進。

　　請記住，如果你現在還沒有充分發揮才能，那就隨著時間的推移而努力發展你的才能，心想事成的那一天必會到來。

　　很有可能你目前還無法實現你想做的事情，因為你

沒有合適的環境，沒有所需的資本；但這並不妨礙你調整方針走向合適的環境，努力累積自己的資源。

請記住，只有在當前環境中盡力而為，才能取得進步。假設你的資金只夠經營一個報攤，而你的最大願望是擁有一家百貨公司；不要以為有某種神奇的方法可以讓你在報攤資本上成功經營一家百貨公司。然而，有一種心理學的觀念，可以讓你以經營一家報攤為起點，最終能發展成一家百貨公司。

將報攤定位為你將擁有的百貨公司所屬的店鋪，把心思集中在百貨公司上，然後開始建構其餘部分。如果你讓每個行為和想法都具有建設性，目標必定能達成。

為了使每一個行為和思想都具有建設性，人人都必須宣揚「成長」理念。**堅守你的進取精神，清楚自己一直朝著所想的目標前進，並依循此信念發言與行事，你的一言一行都在向別人傳達進步、成長的念想，人們會被你吸引**。永遠記住，人人都在追求成長。

首先，鑽研與卓越豐盛相關的真理，直到你確信自己能擁有財富，而且這筆財富不必從任何人那裡奪來，你可以遠離勝負心態。想當然耳，豐盛若沒有極限，你就不會欲求不滿，也就沒有必要去掠奪任何人。

期待心想事成是人的天性，而真相是，只有採取行動才能實現。

考量到任何行動都是基於當前的周遭資源，為了確保每個行動都能成功，你要避免行動時受制於外在環境，為此，整個推進的過程中你都必須抱有心想事成的企圖心。只有對自己想要的東西有清晰的認知，你才能堅持自己的目標；所以，清晰的認知是不可或缺的。此外要切記，**除非你堅信自己終能心想事成，不然你的行動將欠缺動力。**

　　在心裡形成一個清晰的畫面，明確你想要什麼；堅持目標去實現它；把每件事都做得完美，拋掉奴性的態度，讓自己成為主宰者；對最終實現目標保持堅定不移的信念，你就能前進不懈。

【追求財富篇】

失落的
致富經典

—你必須具備以「自己想要的方式」思考的能力；這是
　致富的第一步。

—你可以擁有任何你想要的事物，並將之用於改善你自
　己和他人的生活。

—越懂得將感激之情投向造物者，我們就越能收獲更多
　的美好事物。

—如果你人生中的每個行為都有效益，那麼你的人生一
　定是成功的。

第1章 · 人人都有致富的權利

　　無論怎麼去為「貧窮」美言，事實上，一個人除非他富有，否則無法過著真正完整或成功的生活。沒有夠多的錢，人們的才能或靈魂就無法發展到應有的最高境界；為了釋放心靈及發展才能，人們必須運用許多事物，除非有錢可以買，否則無法獲得這些東西。

　　人的身心靈發展仰賴著對事物的運用，而社會的組成即基於人們必須有錢才可以擁有他想要的事物，所以，人類所有進步的基礎必定是致富之學。

　　所有生命的目標，都是求發展；每個生物都擁有不可剝奪的權利——可以得到它所能達到的一切發展。

　　人有著與生俱來的權利，意味著他有權自由且不受限制地使用所有可能需要的事物，以實現他在心智上、精神上和身體上的最充分發展；換個說法就是，他有致富的權利。

　　在本書中，我不會用譬喻的方式談論財富。真正富有，並不意味要知足或是一些些就能滿足。一個人如果

能夠使用及享受更多，就不應該滿足於一些些。

天性的主旨是生命的進步與開展，生命的優雅、美麗和富裕，人人都應該是生而具備促成這些能力的本性。一點點就滿足，是有愧人生的。

擁有想要的一切，有能力過著自己想要的生活的人，是富有的；沒有足夠多錢的人，無法擁有他想要的一切。人類的生活進展至此，變得很複雜，致使就算是最平凡的人也需要相當財富才能過著比較圓滿的生活。

每個人都自然而然想變成他們能夠成為的人，這種渴望實現的可能性是人性與生俱來固有的，我們不自主地會想要成為我們所能成為的一切。**人生的成功，就是成為你想成為的人；善用外部資源，你更能夠成為你想變成的人，而只有當你資金充裕時，才可以順利取得資源遂行所願。因此，所有知識中最基本的，是致富之學。**

想要致富，沒有什麼不對。對財富的渴求，其實是對於更加豐盛、更加飽滿、更充實的生活的渴望，這樣的渴望值得讚許。不渴望活得更富足的人並不正常，不想要擁有足夠金錢讓自己想買什麼就買什麼的人，並不正常。

人活著就為三件事：身、心、靈。此三者沒有何者較優或較高尚，每個都同樣讓人渴求，如果身體、心智

或靈魂三者中的任何一項欠缺完滿的生命力與體現，其它二者也無法完善地生活。只為靈魂而活，無視心智或身體，並不正確也不高尚；為心智而活，而無視身體或靈魂，也是不對的。

我們都熟悉只注重肉體而無視心智與靈魂所帶來的可憎後果，而我們了解到，藉由身、心、靈的全然體現，展現出個人所能發揮的一切，這才是真正的人生。除非一個人身上的每個功能都能充分發揮作用，除非他的意志和心靈也是如此，不然無法真正的快樂或滿足。在任何未被體現的可能性或未被執行的功能中，都存在未被滿足的渴望。欲望，是對於體現可能性的探求，或是對於執行功能的探求。

沒有美食、舒適的衣著和溫暖的住所，沒有免於過度勞累的自由，人的身體就無法完滿地生活。休息與娛樂，對於肉體生活也是必要的。

沒有書籍，沒有時間去研讀，沒有旅行與觀察的機會，或者沒有智識方面的同伴，人的心智就無法完滿地生活。

為了讓心智完滿地生活，一個人必須有智識方面的娛樂，並且必須用所有他能夠運用和欣賞的藝術與美的物件來圍繞自己。

為了讓心靈完滿地生活，一個人必須要有愛，然而貧窮阻斷了愛的體現。一個人最大的幸福，在於把福祉

贈予自己所愛的人，愛在給予中找到了最自然和自發自主的體現。一個沒有什麼可以給予的人，無法扮演好丈夫、好父親、好公民或好男人的角色。正是在物質事物的運用中，人們才得以給自己的身體找到完滿的生命，發展自己的心智，並展現自己的靈魂。因此，對他來說擁有財富至關重要。

你應當渴求致富，任何人都應當如此。你應該把最大的關注焦點投放在致富的學問上，因為這是所有研習的事物中最高貴以及最必要的。如果你忽視了這個研究，你就對自己、對造物者和人類不負責任；因為**你所能為造物者和人類提供的最大服務，就是充分發揮自己的能力。**

第2章・致富是一門學問

有一門學問叫做致富，就像代數或算術一樣，是一門精確的科學。有一些法則規範了獲取財富的程序，任何人一旦學會並依循這些法則，他就能憑著如同數學 1+1=2 一樣的明確性而致富。

金錢和財產的獲取，是按照某種特定方式做事的結果，以這種特定方式做事的人，無論是有意為之或純屬意外，都能變有錢；而那些不以這種特定方式做事的人，無論他們多麼努力工作或多麼有能力，貧窮如昔。**相似的原因總會產生相似的結果，這是自然法則，因此，任何學會用這個特定方式做事的人肯定都能致富。**

以下事實證明了上述說法的正確性：致富不是環境問題，因為如果是這樣，某些街區的居民都會是有錢人；某個城市的都是有錢人，而其它城市的人全都是窮光蛋；或者某個州的居民都能發財致富，而鄰州的居民則全都身陷貧困。

然而我們隨處可見的是，富人和窮人比鄰而居，生活在相同的環境，而且還經常從事著相同的職業。當兩個人在同一地點，從事同一行業，一個變有錢了而另一個依然貧窮，這表明，致富的關鍵基本上不在環境。有

些環境可能比其他環境更有利，但當同一企業的兩個人在同一個街區，這個人致富而那個人失敗時，表明了致富是按照某種特定方式做事的結果。而且，以這種特定方式做事的能力並不僅是因為天賦過人，畢竟天賦異稟但卻貧窮的人所在多有，而其他天賦有限的人則成為有錢人。

研究那些變得富有的人，我們發現他們在各方面都是普通人，沒有比其他人更出色的才華和能力。顯然，他們之所以富有，並不是因為他們擁有其他人所沒有的才能和能力，而是因為他們碰巧按照一種特定的方式做事。

致富不是儲蓄或「節儉」的結果；許多節儉吝嗇者是窮人，而恣意揮霍者則有不少是有錢人。變得富有也不是因為做了別人沒有做的事情；因為在同一行業中，有兩個人幾乎做完全相同的事情，其中一個變得富有，而另一個依舊貧窮甚至破產。從所有這些事情中，我們得出這樣的結論：變得富有，是依照某個特定方式做事的結果。

如果致富是以某個特定方式做事的結果，如果相似的原因總能產生相似的結果，那麼任何以這個方式做事的人一定會變得富有，而這整個操作都可以用科學方法來做出明確定義。

問題來了，這個特定方式是不是沒有困難到只有少數人可以依循。正如我們已見到過的，從天賦能力而言，並不是這回事。天賦高的能致富，天賦不高的也能致富；聰明過人者能發財，腦筋普通的人也能發財；身強體壯的人能發財，體能稍弱的人照樣能發財。

　　當然，一定程度的思考和理解能力是必不可少的，然而就天賦能力而言，任何有足夠才智閱讀和理解我所說的話的人，都一定能致富。此外，我們已看出這不是環境的問題，但地點還是有些關係，沒有人會去到撒哈拉沙漠的最中心然後期待搞出成功的生意。

　　致富需要與人打交道，需要身處容易跟人達成交易的地方；如果這些人傾向於按照你想要的方式交易，那就更好了。這約莫就是環境對致富的影響所及之處。

　　如果你鎮上的任何人都能致富，你也能；如果你所在州的任何其他人都可以致富，那麼你也可以。同樣，這不是選擇某些特定業務或專業領域的問題。每種生意、每個職業裡都有人變有錢，而與他們從事相同行業的隔壁鄰居則依然處於貧困之中。的確，你會在你喜歡的、適合你的行業中做得最好；如果你有某些得到充分發展的才能，你就會在需要運用這些才能的行業中做到最好。

　　此外，在適合你的地區把業務做到最好；冰淇淋店在氣候溫暖的地區會比在天寒地凍的格陵蘭島做得更

好，而在美國的西北部經營鮭魚產業，則比在東南部沒有鮭魚的佛羅里達州更能成功。

但是，除了這些尋常局限之外，致富並不取決於你從事某項特定商務，而是取決於你學會以某種特定方式做事。如果你正在經商，你所在地區的任何人都靠同樣的生意致富，而你並沒有賺大錢，那就是因為你做事的方式與其他人不同。

沒有人會因為欠缺資金而無法致富。誠然，隨著資金的取得，財富的增長會變得更容易和迅速，但人有了資金就已經是富有了，何須考慮如何變有錢。**無論你有多麼窮，如果你開始按照某種特定方式做事，你就會開始變得富有，你將會開始擁有資金。**獲取資本是致富過程的一部分，它是按照特定方式做事必然產生的一部分結果。

你或許是地表最貧窮的人，負債累累；你可能既沒有朋友，不具備影響力，又欠缺資源；但是如果你開始按照某個特定方式做事，你肯定就能開始致富，因為相似的原因必然產生相似的結果。

你從目前的業務和職位開始，以促進成功的特定方式做事來實現願景。用特定的方式在你所處的地點開展你現在的事業，你將能心想事成。

第 3 章 · 財路永遠為你而開

　　有的人陷入貧困之中，不是因為機會被奪走了，而是因為其他人壟斷了財富，並在其周圍設置了屏障。你或許無法參與某些行業的商業活動，但還有其他管道為你敞開著。

　　你或許很難掌控任何大型鐵路系統，因為那個領域已經完全被壟斷了。

　　如果你是大型鋼鐵產業所聘雇的工作者，你成為所任職工廠大老闆的機會微乎其微的。而同樣篤定的是，如果你開始以某個特定方式做事，你很快就能告別鋼鐵產業的工作；你可以買個 10 到 40 英畝的農場，從事食品生產的事業。

　　當今，對於那些願意在小片土地上生活並進行精耕細作的人而言，致富的可能性不小。或許你會說哪有可能取得土地，然而我將證明這並非全無機會，而且如果你按照某種特定的方式工作，肯定能擁有一座農場。

　　在不同的時期，機會的潮流根據整個社會的需要和已發展到的特定階段，朝著不同的方向推進。在當前的美國，機會的潮流朝向農業和相關的產業和職業，同時，機會也開放給了工廠生產線上的工人。相較於為工

廠工人服務所能獲得的機會，農場供應商能獲得的機會更多；為生產者服務的專業人士所能獲得的機會，也多過於為工人階級服務的人。**順應潮流而不逆勢而為，你將能獲得源源不絕的機會。**

話說回來，工廠裡的工人們，無論被視為個別人士或是某個階級，都沒有被剝奪機會。工人們沒有被雇主「壓制」，也沒有被大企業與財團「磨平」。身為某個階級，他們處於現在的地位是因為他們沒有按照某種特定方式去做事情。

如果美國工人階級的人按照某種特定方式去做事情，他們可以效仿在比利時及其他國家的弟兄們，成立大型百貨公司和合作產業；他們可以選舉自己階層的人來擔任公職，並通過有利於此類事業發展的法規；幾年之內，他們就可以順利地在工商業領域占有一席之地。

一旦工人階級開始以某種特定方式做事，他們就有可能成為領導階層；財富法則之於他們，與之於其他人沒有兩樣。他們必須學會這一點，如果繼續按照現在的方式做事，他們只會停留在原地。然而，個別的工人不會被同儕的不求上進或心理怠惰所拖累；他可以追隨機會的潮流走向財富，本書能為此提出指引。

不會有人因為財富供應不足而陷入貧困，世上的財富供給要滿足地表的所有人，絕對綽綽有餘。 單是美國的建築材料，就可以為地球上的每個家庭建造像華盛頓

國會大廈一樣大的宮殿；在精耕細作的情況下，這個國家生產的羊毛、棉花、亞麻和絲綢足以讓世界上的每個人穿得比所羅門盛世時穿得更漂亮；連同足以讓他們飽食一頓的奢華餐點。

可見物質的供給，實際上取之不盡，而無形事物的供應也真的是用之不竭。**你在地球上看到的一切都由某個初始存在體構成，萬物皆由此存在體創生**。新的形式不斷被生成，舊的形式則一直在消失中，認定各個形式的，是某個存在體。

無形存在體的供給是取之不竭的。宇宙由祂構成，而創造宇宙的任務對祂而言根本是遊刃有餘。在可見的宇宙形式內部、穿越其間，以及介於之間的所有空間，都被無形的初始存在體和所有東西的原材料所滲透和填充。已經製成的產物，有可能還要再被製造千萬倍的數量，即使如此，宇宙初始材料的供給依然用之不盡。

沒有人會因為大自然貧乏或因為物資短缺而變得貧窮。大自然是一個無窮盡的財富寶庫，供給永遠不會短缺。

初始存在體因充滿創造能量而有生機，不斷在創生更多形式。當建材的供給耗盡時，人們會生產出更多的建材；當土壤被耗盡以至於無法種植食材及製衣材料時，土壤將被翻新或產出更多土壤。

當地球上所有的黃金白銀都被挖出來時，如果人類仍然處於需要黃金和白銀的社會發展階段，將從無形之中生產出更多的黃金和白銀。

造物者回應著人的需求，不斷為人們提供美好事物。全人類在整體上是富足的，如果某些個人貧困，那是因為他們沒有按照某種特定的方式去做事，這種特定方式可以讓一個人變得富有。此事放諸全人類皆然。

造物者是大智慧者，祂是會思考的存在體，永生不墜，不斷推送出更多的生命力。

尋求活得更充實，是生命的天性與本能衝動；智慧的本質是自我擴展，意識的本質是尋求拓展其界限並找到更完整的體現。有形的宇宙由無形的有機存在體創造而成，為了更充分地體現自我，將自己置身形式之中。

宇宙是一個偉大的生命存在，始終本能地朝著更多的生命和更充分的運作去推進。大自然是為了生命的進步而形成的，其推進的動機是為了壯大生命力。為此，一切可能有助於生命的事物，都會充裕地供給。

你不會因為缺乏財富而一直貧窮，我將進一步證明這個事實。即使是無形供給的資源，也能受人們操控，只要懂得以某個特定方式行動和思考。

第 4 章 · 致富的首要法則

．．．

> 念想，是可以從無形存在體中產生有形財富的
> 力量。構成萬物的是會思考的存在體，而與此存在
> 體建立關聯的形式念想會產生形式。

初始存在體依其念想運作，你在自然界看到的每
種形式與程序都是初始存在體之念想的顯化。此存在
體對於形式的念想創生形式，對於行為的念想引發對
應的行為，這就是事物被創造的公式。

我們生活在一個念想的世界，它屬於大宇宙念想
的一部分。運作中的宇宙將念想延伸，貫穿著存在體，
會思考的存在體依據此念想運作，建構了行星系統的形
式，並維持此形式。

會思考的存在體，選定來自念想的形式，並依此念
想運作。祂抱持了太陽和行星循環系統的想法，就會建
構出此類天體形式，並使它們依其念想運作。

當它創想出一棵緩慢成長的橡樹形式時，就會啟動
相應運作以催生此樹，儘管可能需要數世紀的時間才能
完成這項工作。在創造時，無形存在體依據祂建立的路
徑運作，對於一棵橡樹的念想並不會引起一棵成熟的樹

立即形成，但確實啟動了會沿著已建立的生長路徑產生樹木的力量。

　　會思考的存在體所抱持的各種形式念想都會創造出形式，不過通常都沿著既有的路徑生長與行動。

　　如果在無形存在體上銘印了一個特定建築的房子的念想，這房子或許不會立即形成，但它會驅使已經在商業活動中運作的創造能量導向快速使這房屋落成的通道。如果現有的通道尚不能使創造性能量順利運作，那房子將直接交給初始存在體建構，不必等候有機和無機世界緩慢推進的過程。

　　在初始存在體上銘印的每個形式念想，會創造出相應的形式。人是一個思考中心，能夠萌生念想。人徒手創造出的一切形式都自其念想中萌生，他無法塑造出想都沒想過的東西。

　　原本，人類的努力總是局限在手工勞作，他將手工勞作運用於形式的世界，試圖改變或重塑已存在的形式。他從未想到要通過將念想銘印於無形存在體上，來促成新形式的萌生。

　　一旦人擁有了某個念想形式，他會依據本能為該形式取材，並且在心中描繪出此形式的圖像。

　　在此之前，若未曾嘗試與無形存在體合作、與造物者協力，就不會想到自己可以「行造物者所行之事」。

人一直藉由徒手勞作重塑和修改既有的形式，未曾關注過自己可否通過將念想傳達給無形存在體來創造事物。本書將為你闡明此事。

任何人都做得到，並展示如何做到。首先，我們必須確立三個基本原則：

原則一，我們斷言有唯一，無形的初始存在體，它是萬物的基礎。

原則二，所有看似多元的各種元素只是某單一元素的不同展現，有機和無機自然界中的一切都是唯一存在體所創造的不同形式。此存在體有思考能力，它蘊含的念想會創生相應的形式。會思考的存在體，依其念想創生形式。

原則三，**人是個思考中心，有原創念想的能力，將念想傳達給初始存在體，就可以促使念想事物的創生或形成。**

總之，**存在唯一會思考的存在體，萬物由其生成，在其初始狀態下沉浸、滲透並充塞宇宙的空間。在此存在體中的念想，會將念想描繪的東西創造出來。**

人能夠在念想中形成事物，透過將自己的念想銘印在無形存在體上，促使他所想的東西被創造出來，此事可以通過邏輯與經驗來證實。

從形式和念想的現象逆向推理，我得出一個初始的

會思考的存在體；從這個會思考的存在體向前推導，我得出人們擁有促成念想之事物形成的能力。

通過親身經歷，我發現我的推論無誤，這是強而有力的依據。讀者通過本書的指引致富，就是此理論的實證，如果依照指引去做的人都致富了，那就更是實實在在的證明。

此理論在執行過程中失敗之前是正確的，而此過程絕對不會失敗，每個人只要完全按照本書指引去做就能致富。

我曾說過人們通過以某種特定方式行事來致富；而為了這樣做，人們必須學會以某種特定方式思考。

一個人的行事方式，是他對事物思考方式的直接結果。**想要按照「自己想要的方式」做事，你必須具備以「自己想要的方式」思考的能力；這是致富的第一步。**

每個人都有天性本能去思考自己想要之事物，這比順從表象而生的想法還需要花費更多心力。依據表象思考很容易，從表象中抽離來思考真相就不簡單，這比人們所做過的任何其他工作都更花費力氣。

人們最懼怕的工作之一，莫過於連續不斷地思考，這是世上最困難的工作。當表象與真理牴觸時，情況更是如此。

可見世界中的每個表象，都有一個傾向，會在觀察

者的念想中生成與該表象對應的形式，只有謹守對於真理的念想，才能避免此情況的發生。

看見疾病在你眼前出現，會在你的心中產生疾病的形式，接著在你體內出現疾病的症狀。除非你懷有對真理的念想，覺知疾病是假象，即使看起來像是生了病，實際上是健康的。

看見貧窮在你眼前出現，你的心裡就會產生貧窮的相應形式，除非你堅持一個真理——貧窮並不存在，你的人生將盡享豐盛。

面對疾病的表象，思考著健康；面對貧窮的表象，思考著富裕，是需要力量的，獲得這種力量的人能成為專家級的大師。專家能戰勝命運，大師可以心想事成。

這種力量只能通過掌握所有表象背後的基本事實來獲得；這個事實是，唯一存在體是萬物的創造者和推動者。接著，我們必須認識到，此存在體所持有的每個念想都會成為一種形式，人可以通過將自己的念想銘印在形式之上，使其顯化為可見的事物。

意識到這一點，我們就除去了一切疑慮和恐懼，因為我們知道可以創造想創造之事物，我們可以得到想擁有之事物，成為我們想要成為的人。

作為致富的第一步，你必須相信本章提到的三個基

本陳述，因為很重要，所以在此重複一遍：

有一種會思考的存在體，它是萬物的創造者，以其初始狀態存在於宇宙的各個角落中，沉浸、滲透和充塞整個宇宙空間。

存在體會顯化念想所描繪的畫面。

人們能夠在念想中形成事物，並將念想銘印在無形存在體上，將念想之事物創造出來。

除此唯一存在體之外的宇宙觀你都必須摒棄，而且必須專注謹守，直到它在你的腦海中牢固地錨定下來，成為你的慣性思維。反覆閱讀這些信條陳述，將每個詞語都記在腦海中，並深入思考，直到你堅信它們所說的。一旦心生疑慮，立刻將所有問號拋諸腦後。

別聽取背離此觀念的論述，別涉足教導或傳授相反觀念的地方。不要閱讀宣揚不同觀念的雜誌或書籍，如果信念混淆不清，你的所有努力都將白費。

別總想探究這些真理由何由來，也別試圖推想它們為何如此經得起考驗，只要信任並全心接受即可。致富法則的起步，就在於完全接受此信念。

第 5 章 · 壯大你的生命力

「你會貧困，是神明的旨意」，或「你必須一貧
如洗，才能夠事奉神明」，這種舊觀念都不該再有。

有意識的大智慧存在體，存在於萬物中也存在
於你體內。唯一有意識的生命存在體，像每一個有意
識的生命一樣，擁有壯大生命力的天性本能和內在渴
望。每個生命都在不斷尋求壯大生命力，因為生命在
生存過程中必須使自己壯大。

種子掉進土裡，迅速發芽生長，會在生長過程中產
生更多種子；生命通過生長，不斷地自我繁殖。它永遠
在不斷成長，它要繼續生存，就必須如此。

智慧必須持續增長。每個念想都使我們必須再生出
另一個念想，意識不斷擴展。每個我們學到的真理都會
引領我們學習另一個真理，知識不斷在增長。**每個我們
培養的才能都會激發我們渴望培養另一種才能；我們受
到生命的驅使，追求自我展現，不斷推動我們去了解更
多、做更多，成為更好的自己。**

為了理解更多、實現更多、成就更好的自己，我們
必須擁有更多東西；我們需要物資作工具，因為只有通

過使用物資，我們才能學習、實踐、成長。我們必須變得富有，這樣才能過更豐盛的生活。

渴望財富，是為了實現更偉大的人生目標。每種渴望都是尚未展現的潛在能力準備要採取行動，渴望，來自於力量的尋求顯化。使你想要擁有更多錢的原因，與促使植物生長的原因相同，是生命力量在尋求更完整的展現。

唯一存在體揭示著所有生命都遵循的法則，祂充滿了壯大生命力的渴望，創造事物的工程永不止息。唯一存在體助你顯化更多生命力，祂會讓你擁有一切可運用之事物。

造物者希望你變得富有。因為你若擁有足夠事物用來展現自我，祂就可以透過你得到更好的顯化。你的人生之道如果具備不受限的操控性，祂就可以在你這裡展現更多生命力。

宇宙希望你擁有你想要的一切。

大自然對你的計畫很友好。

一切事物都渾然天成地適合你。

此事真實無誤，下定決心吧！

你的目標，必須與萬物的目標一致。你必定想要展現真實的生命力，而不是單純的感官滿足。人生是履行職能的過程；只有當一個人不過度履行他能夠履行的每

個職能，包括身體、心智和靈性方面的職能時，他才能過著真實的人生。

肆意揮霍、追求獸性欲望的滿足，不是人生之道，致富不是為了這個。履行人的各個職能是人生的重要使命，不懂得將身體本能的衝動視為正常且健康的展現，難以打造圓滿人生。

想要致富，不僅僅是為了享受心靈上的愉悅、獲得知識、滿足野心、超越他人或是聲名遠播。這些都是生命中合理的環節，但是只為了享樂而活的人，人生並不圓滿，而且永遠不會對自己的處境感到滿意。

你不是為了他人的利益而想變得富有，不應該為了拯救人類而失去自我，也不是為了體驗慈善和犧牲帶來的喜悅。心靈的愉悅只是人生的一部分，並不比其他環節更好或更高尚。

致富，是為了在應該享受的時候能夠吃喝玩樂；為了能夠讓自己周圍充滿美好事物、看到更遠的地方、滋養自己的思想並發展智慧；為了能夠愛別人、做好事，並能在幫助世界找到真理的過程中扮演適當角色。

但要記住，過度的利他主義並不比過度的自私主義更好、更高尚，兩者都有缺憾。

「上天希望你為他人犧牲自己，你這麼做可以獲得

祂的青睞。」像這樣的觀念就免了，上天不需要你這麼做。

造物者希望你為自己和他人充分發揮自己的潛力，而通過致富我們能夠最有效地幫助他人，這比其他任何方式都更好。

只有通過致富才能充分發揮自己的潛力，因此把首要和最好的念想放在獲得財富的工作上，是正確和值得稱讚的。

請記住，**存在體的期望為萬物而生，其運作必定是要為萬物造就更豐盛的生命力。**追求財富和生命的豐盛對於任何人都同等重要，此事不能減損他人的人生。

大智慧存在體會為你創造東西，但它不會從某個人那裡拿走東西給你。你必須擺脫競爭的想法，你要做的是創造，而不是為已經被創造出來的事物而競爭。

你不需要奪走他人所擁有的東西。

你不需要進行激烈的交易。

你不需要欺騙或占便宜。

你不需要讓任何人以比他自己能賺的還要少的價錢為你工作。

你不需要垂涎他人的財產，或是以羨慕的眼光關注著。別人擁有的東西你也能獲得，而且你不需要從

別人手中奪取。

　　你要成為創造者，而非競爭者；你能夠心想事成，而方法必須是，當你達成目標時，你影響所及之人都將收獲更多。

　　有些不認同上述說法的人，照樣能夠賺進大筆財富，在這裡我補充說明。某些非常富裕的有錢人，有時純粹是因為他們在競爭領域上的非凡才能，有時他們也不自覺地與存在體連結，參與了存在體對產業進化的過程，因而實現整個進化大競賽的偉大目標。

　　洛克菲勒、卡內基、摩根等人曾是至高者的無意識代理人，他們在組織型生產和系統化管理的事業體發揮了非凡的才能；最終，他們的工作對所有人的生命拓展做出巨大貢獻。他們將生產組織化，在走過人生巔峰之後事業很快就由大眾菁英人才承接代理，組建完善的經銷機制。

　　富豪就像史前時代的巨型爬行動物一樣，他們在進化過程中扮演著必要角色，而造就他們的同樣力量也決定了他們的收場。

　　值得一提的是，他們從未真正富有；大部分這個階級的人私人生活記錄皆表明，他們的日子其實過得不比窮人好到哪裡去。

　　在競爭的平台上獲得的財富總是不會令人滿意和持

久，今天是你的，明天就是別人的。要以科學和特定的方式變得富有，請記住，你必須完全擺脫競爭的想法。別總是認定供給是有限的，一旦你認為所有的錢都被銀行家和其他人壟斷與控制，並且必須努力通過某些法則來阻止這過程，諸如此類，在這一刻，你就會受制於競爭性思維，創造力將大幅衰減。更糟糕的是，你可能會阻礙已經啟動的創造活動。

值得一提的是，地球上有無數價值數百萬美元的黃金仍未被發掘；如果沒有足夠的金礦，更多黃金將由會思考的存在體創造出來，以滿足你的需求。

請相信，你需要的錢會來的，即使明天需要千百個人去發現新的金礦。

不要只著眼於可見的供給，要時時關注唯一存在體能夠提供的無限豐盛財富，相信它們正盡快來到你身邊供你接收及運用。沒有人可以通過壟斷可見的供給，來阻止你得到屬於你的東西。

所以，永遠別擔心在你打算建造房屋之前，所有最好的建房地點都已經被占據了。不要害怕財團以及企業的結盟，甚至擔憂它們很快就會擁有整個地球而焦慮不已。不必擔心會被別人捷足先登而失去你想要的東西，此事不會發生。你在尋找的不是任何其他人擁有的東西，**你正在從無形存在體中創造你想要的東西，而其供給並不受限。**

相信這個公式化的陳述:「有一種會思考的存在體,萬物皆由此構成,在其初始狀態下沉浸、滲透並充塞宇宙的空間。此存在體中的念想,會使所想之事物顯化。人可以在念想中形成事物,並通過將念想銘印在無形存在體上,促成念想之事物被創造出來。」

第 6 章 · 渴望財富，必得天助

　　關於商業交易的議價，我的主張是無須討價還
價到刀刀見骨，這不表示你完全不要議價，或者你
不必與周遭的人溝通交流。我的意思是你大可與人
公平交易，不必空手套白狼，可以給每個人多於你
從他那裡獲得的。

　　讓人支付你高過市場價格的金額不是一件容易的
事，然而除了提供對方以支付的錢所能買到的實物價
值，你還能夠供應他更多的使用價值。本書的紙張、油
墨和其他材料，其成本總和或許不及你所支付的買書
錢，但如果本書提供的想法給你帶來了千萬價值，你就
沒有被占便宜，書商以小額金錢價值為你提供了巨大的
使用價值。（譯者按：以現代的行銷學而言，就是附加
價值的理論。）

　　假設我擁有一幅某位知名藝術家的畫作，它的市場
價值高達數千美元。我將畫作帶到朋友開的畫廊那裡，
運用推銷技巧說服一個愛斯基摩人用價值 500 美元的皮
草買下它。我真的是把他當冤大頭，因為這幅畫對他沒
有使用價值，無法豐富他的生活。

　　如果我用一把價值 50 美元的槍來交換他的皮草，

那麼他就做了一筆不錯的交易。槍枝對他很有用，可以讓他得到更多毛皮和食物，從各方面豐富他的生活，能夠讓他變得富有。當從競爭層面上升到創造層面時，你可以非常嚴謹地審視你的商業交易，如果你賣東西給某人，而這些東西並沒有比他與你交易的東西更能豐富他的生活，你就不該做這筆生意。如果你從事的業務確實會損及他人，奉勸你另謀高就。

關注給每個人更多的使用價值，更勝於你從他那裡得到的現金價值，每筆商業交易為世界增添了活力。

如果有人為你工作，你從他們那裡得到的現金價值必須大於你支付給他們的工資。為組織灌注進步法則，使有進取心的員工每天都能有所進展，你應當這樣建構自己的事業團隊。如此經營你的事業，讓它成為階梯，每個不辭勞苦的員工都可以通過它攀上財富頂峰。如果機會給了員工而他不懂得把握，那錯不在你。

最後，你要從滲透到環境的無形存在體中創造自己的財富，這並不意味著事物會憑空成形而被送到你眼前。

例如，當你想要縫紉機時，把縫紉機的念想銘印在會思考的存在體上之後，你不能什麼都不做就光等，然後期待縫紉機會在你房間或其它地方憑空出現。這不是

我倡導的特定方式。

　　如果你想要縫紉機，請以最積極的確定性在腦海中謹守一個心理圖像，描繪著縫紉機正在被製造中，或是它即將來到你眼前。此念想一旦形成，就該對縫紉機的到來抱持最絕對、最不容置疑的信念；關於縫紉機，不再多想，不再多說，一心只想著它就要出現在你面前了。宣告你有一台縫紉機吧！

　　會思考的存在體貫穿萬物，萬物皆有之，祂溝通一切且影響一切。會思考的存在體，對更充實和更美好生活的渴望促成了縫紉機的誕生。你當然可以在家裡擁有一台縫紉機；同樣篤定的是，**你可以擁有任何你想要的事物，並將之用於改善你自己和他人的生活。**

　　造物者期待你展現生命的一切可能性，希望你擁有讓人生達到極致豐盛的一切事物。你對擁有財富的渴望，與造物者對於更圓滿展現的渴望是協同一致的，若能意識到此真理，你的信念就無懈可擊。

　　有一次，我看到一個小男孩坐在鋼琴前，試圖從琴鍵中彈出樂曲但未能如願，我看到他因為無法順利演奏樂曲而感到悲傷和憤怒。我問他煩惱的原因，他回答說：「我能感覺到我內心的音樂，但我不能正確運用我的手。」他身上的音樂是來自初始存在體的衝動，包含了生命的一切可能性，音樂在通過孩子尋求顯化。

> 造物者，唯一的存在體，祂讓會演奏音樂的人擁有鋼琴等各種樂器，以盡可能發揮他們的才能；祂要有藝術品味的人，讓美好的事物環繞自己；祂希望那些能辨別真理的人，有機會去旅行和觀察；祂希望有服裝品味的人衣冠楚楚，講究美食的人吃得豐盛。

祂想要實現這一切，因為是祂自己在享受和欣賞它們；是造物者想要演奏、歌唱、喜愛美麗事物、宣揚真理、穿著有品味、享用美食。

你對財富的渴望是無限的，造物者試圖在你身上顯化，就像他試圖在彈鋼琴的小男孩身上顯化一樣。你不必猶豫，你的職責是聚焦並表達對造物者的渴望。這是大多數人的難題，他們保留了某些老舊觀念，即貧窮和自我犧牲是造物者所喜悅的。他們將「貧窮」視為神聖計畫中的一部分，是天性的必然。他們認為造物者已經完成了他的工作，並創造了他能創造的一切，而且大多數人必須保持貧窮，因為沒有足夠的東西可以使用。他們執著於這種不當觀念，以至於他們羞於求財；他們盡量不追求超越基本需求的東西，不奢望太過舒服。

我現在回想起一個學生的例子，他被告知必須在腦海中清晰地描繪出他想要的東西，這樣創造性思維才能在無形的存在體中留下深刻的銘印。他是個非常貧窮的

人，住在租來的房子裡，每天靠辛苦賺來的錢過日子。他尚未理解到，所有該屬於他的財富他終究能獲得。

在仔細考慮之後，他決定為房間地板鋪設全新的地毯，並且安裝無菸煤爐以在寒冷天氣裡能夠取暖。按照本書的指引，幾個月後他達成了願望，很快他就意識到自己需要的還不只這些。他將住家檢視了一番，規畫出想要實施的進一步修繕；他在腦海裡加開了一個露台窗在這個地方，在那個地方多隔了一個房間，直到在腦海中描繪出一個理想的家。接著，他又規畫了家具，把整個畫面記在心裡，然後開始以特定的方式生活，朝著他想要的方向前進。

如今，他向房東買下了這個房子，繼續按照自己內心的願景打造它。然後，他懷抱著更大的信念，繼續締造更巨大的成就。

第7章‧你越是感恩，得到就越多

　　致富的第一步，是將你的念想傳達給無形的存在體。你將明白，為了做到這一點，你必需以和諧的方式將自己與造物者達成聯繫，確保此和諧關係極為重要，本章為你說明此事並提供指引。如果你願意遵循指引，就能讓念想與造物者協同一致。

　　整個心理調適與省思的過程，可以用一個詞來概括——感恩。

　　首先，你相信有唯一心智存在體，祂是世間萬物的源頭；第二，你相信這個存在體給了你想要的一切；第三，你會懷著深深的感激之情將自己與祂產生聯繫。許多以其它方式妥善安排自己生活的人，由於缺乏感恩之情而始終處於貧困之中，他們收到來自造物者的禮物後，因為未能接納而切斷了與造物者的連結。

　　不難理解，離財富的源頭越近，就能獲得越多財富；也很容易理解，與從不以感恩的方式仰望造物者的人相比，心存感激的人與造物者的聯繫會更密切。

　　當美好事物降臨到我們身上時，越懂得將感激之情投向造物者，我們就越能收獲更多的美好事物，它們也

會越快來到你面前；原因很簡單，感恩的心態會讓我們的內心更接近祝福的源頭。

每當你萌生了全新念想，感恩之情能使你的整個心思與大宇宙的創造力協和諧一致，詳加思索之後，你會發現果真如此。你所擁有的美好事物，沿著某些特定法則所打造的路徑來到你身邊，感恩之情引導著你的心思沿此路徑前來，使你與創造性思維保持緊密和諧，以避免陷入競爭性思維。

感恩之情可以讓你全方位觀照，跳脫供給有限的迷思，此迷思是一大絆腳石。有個感恩法則，要心想事成就必須遵循此法則，感恩法則，是作用與反作用總是等量而方向相反的自然法則。

心懷感激地向造物者表達感激之情，是一種力量的釋放或消耗，它會送達到所導向的目標，其反作用則在瞬間朝你而來。如果你的感激之情強烈而持續，存在體的反應也會強烈而持續，你想要之事物總會朝你而來。少了感激之情，你發揮不了多大的力量，因為全憑感恩之情你才可以和力量之源達成聯繫。

感恩之情能夠讓你在未來得到更多祝福。少了感激之情，你勢必會對事物的現況萌生不滿的念想。

從你允許自己的心思對事物現況不滿的那一刻起，你就開始失去立足點。你一關注尋常的、貧窮的、骯髒

的和卑鄙的事物，心思就會讓這類形式進駐。然後你會把這些形式或心理圖像傳送給造物者，而尋常的、貧窮的、骯髒的、卑鄙的人也會在你身邊圍繞。

將念想停留在低劣的事物上，你會變得低劣，並且讓自己被低劣的事物圍繞。反之，把注意力集中在最好的人身上，就是讓自己置身於最好的人身邊，並成為最好的人。我們內在的創造力，使我們成為我們所關注事物的形象。我們也隸屬於會思考的存在體，會思考的存在體總是以所思考的形式出現。

感恩的心總是鎖定最好的事物，因此有最佳化的傾向。感恩的心採用最好的形式或規格，收獲到的都會是最好的。

此外，信念源於感恩。感恩的心持續期待著美好事物，而期待成為了信念。感恩之情因其反作用力而讓人心生信念，每次感恩所發送的能量波都會強化信念。**欠缺感恩之情，不能長期保持活躍的信念；欠缺活躍的信念，你就無法憑藉創造性思維致富。**

我們有必要養成對每件收獲的好事心存感激的習慣，並且持續不斷感謝。因為一切事物都對你的進步做出了貢獻，所以你應該將一切事物都涵蓋在你的感激之情裡。

不要浪費時間思考或談論富豪、財團巨頭的缺失或

不當作為。他們對世界的貢獻為你創造了機會，你收穫的一切能夠到你身邊其實是因為他們。不要憤怒地反對腐化的政客，如果沒有政治人物，我們就會陷入無政府狀態，你的機會將大幅減少。

造物者已投注了相當長的時間，極有耐心地把我們引領到當今工商業與政府機構發展的階段，祂的任務持續地開展中。毫無懸念，只要財團、金融大亨、工業巨頭和政客多行不義，祂就會整頓他們，而同時，他們也不可或缺。別忘了，他們能協助安排你財富到來的傳輸路徑，你當感謝這一切。這會讓你和一切美好的事物和諧相處，於是一切美好的事物都將向你而來。

第 8 章 · 以特定的方式思考

·····································

　　閱讀到本章，你應該已對致富的第一步有了清
晰的認知。你必須對你想要的東西形成清晰明確的
心理圖景；缺乏念想，你什麼也傳達不了。

　　你必須先產生念想，才能提交念想；許多人無法在
會思考的存在體上銘印，因為他們對自己想做的、想擁
有的或想成為的，只有模糊的概念。

　　僅僅對財富懷著「可以用來做好事」的尋常渴望是
不夠的，這種渴望誰都會講。僅僅是「想去旅行」、「開
開眼界」、「活得更久」等等的願望是不夠的，這些願望
誰都能說。

　　如果你要向朋友發送訊息，你不會依序發送字母
表上的字母，然後讓對方自行拼湊訊息，你也不會從字
典中任意取詞。你會發送一個連貫的句子，想說什麼一
次說完。當你試圖向存在體提出你的需求時，請記住，
它必須通過連貫的陳述來完成；你必須知道自己想要什
麼，具體且明確。傳達尚未成形的渴求和模糊的欲望，
永遠不能讓你致富，也無法將創造力付諸行動。

　　像前一章描述的那個人檢視房子一樣檢視你的欲
望，覺察你想要的東西，並在捕捉到它時在腦海中清晰

地描繪出你希望它看起來的樣子。你必須不斷在腦海中記住那個清晰的畫面，就像水手在腦海中想著他將船駛向港口一樣；你始終都必須面朝目標，絕不讓它離開你的視線，就像舵手緊盯著羅盤一樣。

不必做注意力集中的練習，不必特別安排時間進行禱告和應許，不必「進入寂靜」，也不必進行任何形式的密教儀式。一切都很好，你所要做的只是知道你想要什麼，並且超級想要，這樣它就能停駐在你腦海。

盡可能把時間都投注在思考自己的內心畫像，對於真心企盼的事情，根本不必訓練自己將心智聚焦其上；那些你不太在乎的事情，才需要你費力去關注。

除非你真的想致富，對此事的渴望強烈到足以讓你的念想直指目標，就像磁極咬定指針一樣，不然本書提供的指引就還不值得你去執行。

這裡所講的方法，是為了求財心旺盛，能為克服懶惰安逸之心而拼搏的人所提供的。你規畫越清楚、越明確，你對它的思考越多，把它令人愉快的所有細節都表現出來，你的願望就會越強烈。你欲望越強烈，就越能將心智固定在所想要的畫面上。然而，除了清楚地看到畫面之外，還有更多的東西是必要的。如果這就是你所做的一切，那麼你只是一個夢想家，並且不太有，甚至

根本沒有達成目標的力量。

清晰願景的背後，一定是想要實現它的意圖，以具體的展現方式將其顯化。在這個意圖的背後必須有一種堅不可摧且雷打不動的信念，即這件事已經是你的了，它唾手可得。

想有新房子，就在心理上先住進去，直到它在你身邊具體成形。在內心層面，立即建構你渴望事物的圖像且充分享用它。看著你想要的東西，就像它們一直都在你身邊，自己正在擁有和使用著它們。即使還是在想像階段，也當作已經是你的有形資產而在腦中運用起來。

專注於你的心理圖像，直到它清晰分明，然後再從心態上擁有圖像裡的所有事物。牢記在心，相信你確實擁有它。在心裡堅信你擁有它，此信念片刻都不要動搖。記得在前面關於感恩的章節中提到的，當它形成時，要像你期望的那樣表達感激。

一個人若能為他還只是在想像中擁有的東西而真誠感謝造物者，他就有真實的信念。他能致富，可以創造出一切想要的東西。

你不需要為你想要的東西反覆祈禱，沒有必要每天向造物者報告。你的職責是聰明地表達你對更卓越人生的渴望，並將這些渴望安排成一連串的規畫，然後將這個完整的願望銘印給無形的存在體，祂有能力和意願使

你想要的事物顯化。**你不必通過重複念誦一連串的詞語來展現自我，應當通過堅定不移的目標抱持願景，並以堅定的信念實現它。**

禱告不是依著信念在你說話的時候給予應允，而是依著信念在你工作的時候給予應允。

口頭禱告就足夠了，並且在說清楚願景和強化信念方面是有效果的，特別是對你自己，但不是口頭請願就能讓你得到你想要的。追求財富，你需要持續不斷地禱告，**通過禱告來堅持你的願景，目的是在願景從創造到具體形式的過程裡，你都一直這麼的信仰著。**

一旦你清楚地形成了你的願景，整個事情就開始了。當你形成它時，最好做一個口頭陳述，虔誠地向造物者禱告，從那一刻起，你必須在內心接受你所要求的。住新房子、穿漂亮衣服、開好車、展開旅程、自信地規畫更偉大的旅程。詳加思索並說出你根據當前實際擁有的現況來請求的所有事項，完全依照意願描繪出情境和財務狀況，並一直生活在那個想像的情境和財務狀況中。請注意，這樣並不僅僅是為了要做一個夢想家或空中樓閣建構者，堅持相信著你想像的圖像正在實現中，並謹守著想使它顯化的宗旨。

請記住，實踐者和夢想家之間的區別，在於使用想像力的信念和意圖。了解此一事實之後，就要接著學習意志力的運用了。

第 9 章 · 善用意志力

要以科學的方式致富，就不要試圖將意志力運用到你以外的任何事物上。你無權將自己的意志套用到別人身上，要求別人去做你想做的事是不對的。

用精神力量脅迫人，與用蠻力脅迫人，同樣都是惡意的錯誤行為。如果用蠻力強迫人們為你做事會使他們淪為奴隸，那麼用精神手段強迫人們，其後果亦是，不同的只是做法。以蠻力獲取他人之物是掠奪，以精神獲取他人之物也是掠奪，原則上沒有區別。

你無權對另一個人使用你的意志力，即使是以「為了他好」的名義，因為你並不真的知道什麼對他有益。致富之學不會要求你以任何方式對他人施加權力或武力，此舉完全沒必要。事實上，任何將意志強加於他人的企圖都只會使你徒勞無功。

不要將意志運用到事物上以迫使它們朝你而來，那簡直無異於試圖要脅迫造物者，愚蠢且於事無補。你不必強求造物者給你好東西，就像你不必用意志力讓太陽升起一樣。你不必用意志力去征服一個不友善的神靈，或者讓頑固和反叛的力量聽從你的吩咐。存在體對你很友好，祂熱切賜予你所想要的，而不用你前去獲取。

想要致富，你只需要將意志力運用在自己身上。**當你知道該想什麼、該做什麼時，就必須用意志去迫使自己思考和做正確的事情。**那是用意志去讓自己心想事成的正道——用它來讓你走上對的道路。

用你的意志讓自己以特定的方式思考和行動。不要試圖將意志、想法或念想投射到空間裡，來對事或人「採取行動」。把心留在家裡，它在那裡取得的成就會比其他地方更多。

在腦海中形成你想要之事物的心理圖像，憑藉信念和企圖心保持此一願景，並用意志力讓念想以對的方式運作。你的信念和企圖心越穩定越堅持，你就會越快致富，因為你給存在體留下的盡是積極印象，不至於被負面印象削弱或減損。

你所渴求的，抱持信念和目標的願景，被無形存在體接納，依我所知，滲透在整個大宇宙，直達至遠之境。隨著念想銘印的散播，一切事物都會朝著讓你心想事成的方向運作；每個有生命的、沒生命的東西，以及尚未被創造的事物，都被激發來讓你的願景實現。所有力量開始施加到那個方向，萬物皆開始朝你而來。為了讓萬事具足以實現你的願景，相關人士的念想都受到影響，他們在不知不覺中為你工作著。

你可以藉著在無形存在體中啟動負面印象來檢核這

一切。一如信念和企圖心能讓世間萬物為了助你心想事成而朝向你而來，懷疑或不相信的心態，肯定會使一切助力開始遠離你。

正是因為不懂這一點，大多數試圖運用「心智科學」致富的人都以失敗告終。你花在懷疑和恐懼上的每時每刻，你花在憂慮中的每個小時，你的心靈被不願相信的心態盤據的每個小時，都在心智存在體的全領域中形成離你而去的能量流。所有的應許都是給相信之人，而且只給他們。

既然信念為首要之務，你理應看顧好自己的念想。由於你的信念在很大程度上會受到你觀察和思考的事物所影響，最重要的就是你應該主導自己的關注焦點。在此，意志力就派上用場，因為決定必須把注意力錨定在什麼事情上的都靠意志力。

想致富，就別去探究貧窮。事物的產生，不是通過思考它們的對立面。研究疾病和思考疾病，永遠無法獲得健康；正義不是靠研究與思索罪惡來促成的；沒有人靠著研究貧困和思考貧困而致富。醫學作為疾病科學而增加了疾病；宗教為了給罪惡提供救贖卻助長了罪惡，而經濟學作為研究貧困的學科反倒使得世界充滿不幸和匱乏。

別談論貧窮；別調查它，也別關注它。不要管它的

原因是什麼，你與他們無關。你該關注的是解方，不要把時間花在慈善工作或相關活動上，所有的慈善事業只會延續它聲稱要根除的不幸。我不是說你應該鐵石心腸或不仁慈，拒絕聽到有需求的呼喊，但你不應該試圖以任何老方法去消弭貧困。

把貧窮拋至身後，把一切與它相關的東西皆拋至身後，然後朝目標全力以赴。致富，才是幫助窮人的最佳方案。

如果你的腦海裡充滿貧窮及其隨之而來的所有弊病的畫面，你就難以謹守讓你致富的心理圖像。不要閱讀任何讓你的頭腦充滿匱乏和痛苦的陰鬱景象的東西，得知這類事情你也幫不了窮人，對於它們的粗淺了解根本難以助人擺脫貧困。

當你不讓自己的腦海中充滿苦難景象時，你並不是將苦難中的窮人棄之不顧。**貧困的消弭，不是仰賴更多人來關注貧困人群，而是要越來越多的窮人懂得謹守信念而將致富當作人生目標。**

窮人不需要人施捨，他們需要激勵。施捨只是給他們一條麵包讓他們在悲慘生活得以存活，或者是提供消遣讓他們在一兩個小時的時間裡忘記窮困之苦，但激勵則能使他們從痛苦中振作起來。

如果你想幫助窮人，為他們示範致富之道，最好的方式當然是你自己先致富，然後給他們做見證。

消除世上貧困的唯一方法，是讓越來越多的人實踐這本書的教導。必須教導人們通過創造而不是通過競爭致富。每個通過競爭致富的人都把自己上升的梯子扔在身後，而且把其他人踩在底下，但每個通過創造致富的人都為成千上萬的人開闢了路徑，並且激勵大家都這麼做。

當你拒絕憐憫貧窮、拒絕看到貧窮、拒絕閱讀有關貧窮的文章、拒絕思考或談論它，或不去聽那些談論它的人時，你不是要讓人覺得你鐵石心腸或冷酷無情。用你的意志力讓思緒遠離貧窮這個話題，並將信念和企圖心錨定在你想要的願景上。

第 10 章 · 意志力的加強運用

> 你若不斷將注意力轉向對立的畫面，無論這些
> 畫面有實質外觀還是僅憑想像，你就無法保持真實
> 且清晰的財富觀。

　　如果你曾經有過財務困境，別再談論它，連想都別
再想。別訴說你父母的貧窮，或者你早年的困頓生活，
做這些事情會立即在心理層面上將自己歸類為窮人，肯
定會讓你在心想事成的路途上遭遇阻撓。

　　把貧窮和所有與貧窮有關的事情完全拋在身後。你
已經接受了某個關於宇宙的正確理論，並將你所有幸福
的希望寄託在其正確性上，那關注著與之衝突的理論還
能得到什麼呢？不要閱讀那些宣揚著世界末日即將來臨
的宗教書籍，不要閱讀那些宣揚著世界會淪為魔域的扒
糞俠與悲觀哲學家的言論。世界不會淪為魔域，它終將
成為造物者的國度，這是美妙的演進。

　　是的，當前的現況還有很多事情很難讓人接受，但
是這些肯定都會過去，研究那些不過是讓它們在我們人
生中停留更久，所以研究有何用？當你只能藉由加強自
身的進化增長使得不好的事情更快速移除時，為什麼要
把時間與心力花在沒必要的地方？無論某些國家、區域

或地方的情況看起來有多麼糟糕，花心思在它們上頭是在浪費時間且錯失機會。你應該把興趣放在世界如何能變得富有這件事情上。

想一想世界正在變得富有，而不是它正在擺脫貧困，**請記住，你可以幫助世界致富的唯一方法，是通過創造性的方式——而不是競爭的方式，來讓自己致富。**完全把注意力放在財富上，別理會貧窮。每當你想到或論及窮人時，就把他們想作是或說成是那些正在變得富有的人，他們不是可憐人，他們值得祝賀。然後他們與其他人就會抓住激勵動能，開始尋找出路。

我說你要將你的全部時間、心智和念想獻給財富，並不意味著就算是再齷齪或卑鄙的事你也要做。**變得真正富有，是你人生最高尚的目標，真正的富有，涵蓋了人生一切其它事物的豐盛。**

在競爭的層面上，致富的競逐是對他人展開天不怕地不怕的實力較量，但是當我們進入創造性思維時，局面將會大幅扭轉。

在邁向卓越和心靈展現的付出與竭盡心力的道路上，一切可能之事物都要通過致富來實現。如果你尚缺賴以致富的健康體魄，你會發現當你富有了，身體就自然而然健康了。只有那些擺脫財務煩惱、有能力過無憂無慮的生活並遵從衛生實務的人，方可擁有並保持

健康。

　　有些人因為不知道自己可以擁有財富而身處貧困之中，指引他們的最好方法，是親身為他們展示你自己的富裕和實際經驗。

　　另一些人之所以貧窮，是因為他們雖然感覺到有出路，但他們實在太懶得動腦，不願付出必要的心力來找出路徑然後向前推進。對於這些人，你能做的最好事情就是向他們展示順理成章的富裕所帶來的幸福，以激發他們的渴望。

　　還有一群依舊貧窮的人，是因為儘管他們有些科學觀念，但他們已身陷理論泥沼，就像在迷宮中迷失了方向，不知道該選哪條路去走。他們嘗試了多種系統的混合運用，皆以失敗收場。對於這些人，最好的方法就是親自展示正確之道及實際經驗。畢竟，一分實踐勝過十分理論。

　　你能為這個世界做的最好事情，是充分運用自己。

　　事奉造物者與人們最有效的方式，就是你通過創造性的方法而不是競爭手法來致富。舉數學為例，沒有比加、減、乘、除更科學的計算方法，而兩點之間只能有一個最短距離。科學地思考只有一種方法，那就是以達成目標最直接、最簡單途徑的方法思考。

請隨身攜帶本書，每日閱讀。關注其他理論與方案是不智的，一旦這麼做，你就會心生質疑，念想會變得游移而搖擺不定，接著就會功虧一簣。等發財致富之後，你可以任意研究其他系統，但在完全確定已心想事成之前，只接收最樂觀正面的，與你的內心願景和諧一致的訊息。

　　另外，避免涉獵神祕學、招魂術或同類研究。往生者或許還存在，而且就在周遭空間裡，隨他們去吧，管好你自己的事就好。無論往生者之靈在哪裡，他們都有自己的功課要做，有自己的問題要解決，我們無權干預。我們幫不了他們，而他們是否能幫助我們，或者如果他們可以，我們是否有權占用他們的時間，這很值得商榷。別理會往生者及後繼者，解決你自己的問題——致富。如果你與神祕學搭上線，自身的磁場就會開始混亂，這肯定會導致你的希望破滅。

第 11 章 · 堅持目標，展開行動

　　念想是創造能力，也是促使創造能力運作的動力。以某個特定方式思考會給你帶來財富，但不能只仰賴念想而不採取實際行動，這正是致使許多其他科學的形而上思想家夢想之船遇難的暗礁——未能讓實際行動為念想做出顯著貢獻。

　　不經過自然過程或不費人力，就能從存在體中萌生念想所渴求的事物，我們的世界還沒發展到這樣的階段，甚至別奢望其可能性。而光只有念想還不夠，實際行動是讓念想成真的重要助力。

　　憑藉念想，內心的金山銀礦都會朝你而去，但你要去開採它、去提煉它、將之鑄成金閃閃的錢幣，讓錢財沿路滾滾而來，找到進入你口袋的路徑。

　　在至尊靈性的推動力驅使之下，一切事務都變得井井有條，有人會為你挖掘金礦，有人則提供將真金白銀送到你面前的商業服務，你必須規畫自己的商業模式，使得財富上門時能夠笑納。

　　念想造就一切，無論是有機生命體還是無機物質，都會助你心想事成。當你想要的東西到你眼前來時，你必須以實際行動把它接個正著。它不應該是來自某方的

恩賜，它也不是去偷來的，對於收到的現金價值，你必須以更高的實用價值來回報。

念想的恰當運用，在於對你想要的東西形成清晰明確的心理願景，堅持目標以得到你心所想，並懷著感恩的信念覺知你確實得償所願。

不要試圖以任何神祕的或異教的手段，投射念想為你做事，那不但徒勞無功，還會削弱你理智思考的能力。

念想之於致富的作用，已在先前章節裡做過充分闡釋，信念和目標積極地在無形存在體裡銘印了你的願景，祂與你同樣擁有讓人生更加豐盛的渴望，接收了來自於你的願景，讓所有的創造力通過常規的行動通道直接為你運作。你的職責不在於引導或審視創造過程，你所要做的就是謹守願景，堅持目標，並保持信念和感恩之情。

你必須以某種特定方式運作，這樣才可以在成果非你莫屬時手到擒來，這樣你就能望見願景中的事物，並在它們到來時收納到合適的位置，此真理你確實可以親眼見證。

當東西到達你眼前時，仍然會在他人手中，他們會為此索要等價的回饋。想得到屬於你的東西，你必須把

別人應得之物給他。你的錢包不是百寶袋，它不可能不必努力就一直裝滿了錢。**致富學的關鍵核心就在於，念想必須結合實際行動。**有很多人自覺或不自覺地，藉由對於渴望的執著與毅力，將創造力投入行動中，但他們依然身陷貧窮當中，因為他們沒有準備好在期望的東西到來時有能力接收。通過念想，你想要的東西會被送到你眼前，你必須藉由實際行動讓自己有能力收下它。

無論你要採取什麼行動，顯然你都必須立即行動。不要憑著舊思維做事，為了讓頭腦保持清晰，將過去的記憶沉澱到你的腦海深處是最基本的。你不能在未來的日子行動，因為未來的時間還沒有到，在未來還沒有發生的意外事件出現之前，說你打算怎麼處理很可能都是空談。

不要認為當下未能身處理想的行業或環境中，就擱置一切作為，直到投入了自己認為適當的行業或環境才展開行動。

不要在當下花時間傷腦筋去找出最佳方案來因應未來可能出現的緊急情況，你只需要有信心，相信自己有能力面對日後的一切突發狀況。

如果你處理當前事務時心裡惦念著未來，對當前的行動就會心不在焉，成效不彰。將你的全部心思投入到當前行動中，把你的創造悸動提交給初始存在體之後，

接著什麼都不做就光等著成果出爐，這麼做只會讓期待落空。

　　現在就行動。就是當前，別無他時；現在不做，更待何時。你若打算著手接收你心想之事物，必須現在就開始做準備。無論行動是什麼，都必須是針對當前環境裡的人事物，盡可能在當前的商務或職場範疇中行動。

　　你無法在你當前不在之處行動，你無法在你昔日所在之處行動，你也無法到你將來所在之處行動，你能做的，就是在你身處之地行動。別在意昨天的工作做得好不好，把今天的工作做好。

　　別急著在今天做著明天的工作，當明天到來時，你會有足夠的時間去做。不要試圖通過超自然或神祕的方式，對你無法觸及的人事物採取行動。別等到環境變了才行動，要以行動改變環境。

　　根據你現在所處的環境採取行動，把自己轉移到更好的環境。以信念和目標謹守著為自己營造更好環境的願景，在現有條件下全心全意、全力以赴地展開行動。別把時間花在做白日夢或建造空中城堡，堅守你想要的願景，現在就行動。

　　致富的第一步，不是要你去找什麼新穎事物來做，或者展開一些奇怪、不尋常或傲人的行動。至少在未來一段時間內，你所做之事很可能是你過去一段時間一直

在操作的事，而你現在就要開始以特定的方式操作這些事，以確保你能致富。

　　如果你從事著某項並不適合你的業務，盡心盡力好好做，別等到你進入了合適的行業才展開行動。**不要因為入錯行、定位不當而沮喪，或坐著哀嘆。沒找到對的地方是因為定位不當，大部分的人都是這樣，總是要先入錯行之後才能找到合適你的事業。**

　　在對的行業裡謹守自己的願景，帶著目標與信念全心投入。在你當前的業務中盡心盡力，把它視為獲取更好機會的跳板，並運用當前環境作為進入更好業務的資源。**如果你懷著信念和目標謹守著正確的業務願景，造物者就會將把正確的業務推向你，而你的行動，如果以特定方式運作，將驅使你走向對的事業。**

　　如果你是個雇員或工薪階層，覺得必須另謀高就才可以得償所願，別以為把念想投射到空中並就能找到理想工作。這樣做勢必徒勞無功。

　　在你想要的工作中謹守自己的願景，同時在現有的工作中帶著信念和目標行動，你一定會得到理想的工作。願景和信念會啟動創造力，而你的行動會驅使周圍環境中的力量將你推至心嚮往之處。

第 12 章 · 以高效行動確保成功

> 你必須按照前幾章的指引運用你的念想,開始
> 就地進行你能做的事,你身在何處,就做眼前你所
> 能做的一切事務。只有晉升到比當前更高的職位,
> 你才能進步,而在當前職位上還有任務未完成者,
> 無法晉升到更高的職位。

世界的進步,總是有賴那些超越現有職位的人。如
果人們都無法勝任自己現有的職位,一切都必定會開倒
車。那些不足以勝任現有職位的人,對社會、政府、工
商業界都是沉重負擔,他們的缺失必須由其他人以高昂
代價來彌補。那些沒能勝任所占職位的人們阻礙了世界
的進步,他們屬於舊時代,屬於次等的人生階層,有墮
落的傾向。如果每個人都未能超越自己的職位,社會很
難進步,社會的進化依循著身心進化的法則。

在自然界,進化起因於生命的超額能量。當一個有
機體的生命超過其自身層面的功能所能展現的時候,就
會發展出更高層面的器官,一個全新物種隨之誕生。如
果沒有能夠展現超過自身功能的有機體生命,就永遠不
會有新物種。

自然界的進化法則,你同樣適用。你能否致富,取

決於你如何將此法則運用到自己的事務上。每一天要嘛是成功的一天，要嘛是失敗的一天；成功的日子會讓你得到你想要的。如果每一天都是失敗的，你永遠不會變得富有；而如果每一天都是成功的，你非致富不可。如果今天有一件可以做的事，你不做，就那件事而言，你是失敗的；而後果，可能比你想像得到的災難還巨大。

即使是最微不足道的行為，結果也可能出乎你的預料。為你而行動的所有力量，其運作方式很大程度上取決於你做的某個簡單動作，而這可能正是打開機會之門的關鍵。

你永遠無法確知至尊智慧在世界上的人事物中為你做出的所有組合，你疏漏或未做到的某個小事，可能會導致你心想事成的時間被大大延遲。

每天，做好一切當天能做的事。此外，你必須考量各種局限與條件，別過度勞累，也別為了在有限時間內盡可能完成最多的事情而倉促盲目投入到你的業務中。

不要在今天做明天的工作，也不要在一天內完成一周的工作。關鍵不是你做事情的數量，而是每項個別行動的效益。

每個行為，就其本身而言，不是成功就是失敗。每個無效益的行為都是失敗的，如果你一生都在做無效益的行為，那麼你人生的結語只會是「失敗」二字。

如果你所有的行為都是低效的，那麼你做的事情越多，對你就越不利。換句話說，**每個有效益的行為本身就是成功，如果你人生中的每個行為都有效益，那麼你的人生一定是成功的**。失敗的原因，往往是以低效手法做過多事情，而沒有以高效方式做夠多的事情。你會明白這是一個無須多言的命題，如果你不做任何低效益的行為，而且做足夠多的高效益行為，你就會變得富有。

　　你若使每個行為都變得有效益，你就會理解，致富能被簡化為精確的科學，致富的成果可以累加，甚至加乘，達到想都未曾想得到的高峰。

　　你是否能讓每項個別行為本身都成功，這很大部分操之在你。你可以讓每個行為都成功，因為一切力量都在與你協同，所有的力量都不會白費。力量會為你服務，要使每個動作都有效，你只需為其灌注力量即可。每個動作要嘛就強要嘛就弱，當每個動作都夠強力時，你就是在按照特定方式運作，最終讓你變得富有。通過在行動時謹守願景，將一切信念和目標的力量投入其中，每個行動都會變得強大和有效。

　　正是在這一點上，那些未能將精神力量與個人行為融合運用的人總是失敗。他們在這個時間地點運用念想的力量，而行動則在另一個時間地點，所以他們的行動無法成功，畢竟效益不高。然而，如果所有的力量都投入到每一個行動中，無論多麼平凡，每個行為本身都

會成功，就事物的本質而言，每個成功都為其它成功打通了道路，你的進步依你所願開展，一切進步會朝你而來，而且會變得越來越快。

請記住，成功行動的結果是可以累積。既然對生命的更多渴望萬物皆有，當一個人開始走向更卓越的人生時，就會有更多事物來依附他，而其渴望的影響力就會成倍增加。

每天做你當天能做的事，以有效的方式做每一件事。在做每件事時都必須謹守願景，無論多麼微不足道或司空見慣，都不至於要過度著眼在願景的細微末節。

善用時間憑藉想像力描繪你所看到的細節，詳加思索，直到它們被牢牢記住為止。如果你希望快速得到結果，盡可能把所有的空閒時間都花在這個練習上。通過持續的觀照，你會得到你想要的畫面，即使是最小的細節，也把它牢牢錨定在心中，再完整轉移到無形存在體的心智上，使得在運作的時候，你只需在腦海中參考願景來激勵你的信念和目標，並為之付出最大努力。

盡量把時間投注在思索你的願景，直到願景的念想被灌注在意識中，使你可隨時捕捉到它。你會為它的美好承諾而興奮不已，以至於僅僅想到它就會激發你整個生命中最強大的能量。

第 13 章 · 做你想做的事，好好去做

　　在各個行業中，成功的關鍵都取決於你是否擁有該行業所需的，已發展成熟的職能。沒有良好的音樂才能，無法勝任音樂教師的職位；不具備發展成熟的機械能力，無法在任何機械行業締造卓越成就；沒有機智反應和商務能力，無法在商業競爭中脫穎而出。然而，即使擁有特定職業所不可或缺的、發展成熟的職能，也不保證能夠致富。

　　有些音樂家才華過人，但依然很窮；不少鐵匠、木匠的機械能力出眾卻沒賺大錢，也有許多商人具有高強能力與人打交道但未能如願致富。

　　各式各樣的職能都是工具；好工具固然重要，懂得正確使用這些工具也很關鍵。有人可以用鋒利的鋸子、丁字尺、刨刀等工具打造出漂亮的家具，另一個人也能使用相同工具來複製他人的作品，但成果未必理想，因為他不懂得如何好好使用這些工具。

　　在你心智裡具備的各種能力，是要讓你藉由工作致富所需要的工具；進入一個你已具備良好思維工具的行業，你會更容易成功。一般來講，你會在需要發揮你最強能力的行業中做得最好，你生來就最適合做這個。然

而這種說法也有其局限性，誰都不該認為自己的職業由與生俱來的傾向所決定而不可扭轉。

　　各種商務都能讓你致富，如果你在某行業中還不具備合適的才能，你可以為此而發展所需的才能。這意味著你必須在推進的過程中為自己打造工具，而不局限於使用你與生俱來的工具。在你已經擁有高度發展職能的工作上你更容易成功，但是你在其它工作上也能成功，因為各種基本才能都能再發展，而至少最初級的各種基本才能，人人都有。做最適合你做的事，最容易致富；而如果做你想要做的事，你致富時會最滿足。

　　人生，追求的就是做自己想做的事。如果我們被迫永遠做一些我們不喜歡做的事情，而我們想做的事情老是不能做，這樣的生活讓人難受。可以確定的是，**你可以做你想做的事，想去做這件事的渴望，證明了你內在有做這件事的力量。**

　　欲望是力量的體現。想要演奏音樂的欲望，是演奏音樂尋求表達和發展的動力；發明機械裝置的願望，是尋求表現和發展的機械天賦。沒有做某事的力量，無論是已發展的還是未經發展的力量，就永遠沒有做那件事的欲望；但凡有做某事的強烈欲望，就是具備強大力量來做此事的鐵證，只需要以對的方式去開發及運用。

　　在其他條件相同的情況下，最好選擇你擁有最優秀才能的業務；但如果你有強烈的渴望從事某項特定工

作，你就該選擇此工作，將之視為你的終極目標。

做你想做的事吧！從事最適合和最愉快的工作或業餘愛好是你的權利，甚至是特權。你沒有義務做不喜歡做的事，也不該去做，除非是為了換取你想做的事。

過去的錯誤如果迫使你處於不利的業務或環境中，你也許不得不在某段時間內做你不喜歡做的事情；但是你可以讓做這件事變得愉快，因為你知道它讓你有可能去做你想做的事。

覺得目前的職業不適合自己，也不必急於轉換到另一個職業。通常，改變業務或環境的最佳方式是自我成長，一旦機會上門了，要勇於立即做出脫胎換骨的改變，而且在詳加考慮之後會認定這是大好良機；但當你懷疑這樣做是否明智時，切莫採取急躁或激進的行動。

創造的層面永遠不需要倉促，而且機會一直都會有。擺脫競爭心態時就會明白，永遠不需要倉促行事。**別擔心你想做的事情會被人捷足先登，機會總是夠用。如果有個空間被占了，另一個更好的空間會在前方等你。**時間更不是問題，當你心生疑惑時，請等候，回到你對願景的沉思，並加大你的信念和目標，無論如何，懷疑和猶豫不決的時候，就灌溉你的感恩之心。

花一兩天思索你想要的願景，並真誠感謝願望即將

實現，這將使你的心思與造物者建立相當密切的關係，使得你在行動時不犯錯。

　　有個心智存在體，知道該知道的一切，你若懷抱深刻的感激之情，就能與此心智存在體緊密結合，藉著信念朝人生目標持續推進。

　　過失，起因於倉促行事，或出於恐懼或懷疑，或是忘卻了正當動機，而正當動機是人生大事。**當你以特定的方式持續推進時，機會將接踵而至，你必需謹守信念和目標，懷抱虔誠的感激之情，全心與存在體保持密切聯繫。**

　　每天以完美的方式做你能做的一切，但不要匆忙、擔心或恐懼。盡快推進，但絕不急躁。請記住，一旦你開始著急，你就不再是優秀的創造者，而更像是競爭者，那就你又退回到了舊的層面上了。

　　每當你發現自己匆忙時，就先暫停一下，將注意力集中在你想要之事的心理圖像上，並開始感謝著你就快得到它。感恩的儀式，總能為你增強信念並刷新目標。

第 14 章 · 積極進取，利人利己

　　無論你是否改變職業，當前的行為必須與從事的業務有關。你可以藉著積極運用你已建立的業務來投身你想參與的事業，以某個特定方式做日常工作。

　　你的業務在於與人打交道，無論是面對面或是通過書面，你一切努力的關鍵念想必須是讓他們的心思產生強化的印記。強化自我，是人人都在追求的，是他們內在的無形存在體企盼的，尋求更豐盛的顯化。對於強化自我的渴求是天性本來就有的，是整個宇宙最基本的動力。人類的一切活動都是基於對強化自我的渴望；人們一直尋求著更多的食物、更多的衣服、更好的住所、更多的奢華、更多的美麗、更多的知識、更多的快樂——凡事再多一點，生活就能再好一點。

　　每種生物都需要不斷進步；一旦生命停止增長，衰敗與死亡立即到來。人本能地知道這一點，因此永遠不斷地追求。對於增加財富的尋常渴望，並非邪惡或該遭到譴責的事；這只是對更豐富生活的渴望，是一種激勵。因為這是天性中最深刻的本能，而人們總會被能給他們更多謀生手段的人所吸引。遵循本書指引的特定方

式，你能使自己獲得持續的增長，並將成果分享所有與你打交道的人。

你是一個創造力中心，能促使事物增長，堅信這一點，並將此訊息傳遞給你接觸到的所有人。不論交易規模大小，哪怕只是賣一塊糖給小孩子，都要把物超所值的思維放進去，確保讓客戶對這個念想印象深刻。

在你所做的每件事中傳達出進取的印象，在人們心裡留下你是個進取者的印象，而所有與你打交道的人都得到了提升。即使對於你在社交場合上遇到的人，沒有什麼商機，你並沒打算對他們推銷什麼東西，也可以傳達增長的念想給他們。

你可以通過堅定不移地相信自己正走在增長的道路上來傳達這種印象，讓此信念激發、充實和滲透每一個行動。堅信你是一個進取的人，依此做著每件事，你正在將進取之心傳送給每個人。你會感受到自己正在變得富有，而在這麼做的過程中，你也正在使他人變得富有，並且使所有人都受益。

不要誇耀或吹噓你的成功，也不必刻意談論它；真正有自信的人從不自誇。無論你在哪裡遇到一個自誇者，都能從他身上看到被壓抑的多疑與畏懼。簡單地感受信念，讓它在每一筆交易中發揮作用，讓一舉一動、

語氣和表情都表達出你正在變得富有的低調自信。你已經夠富有了，無需言語即可將這種感覺傳達給他人；當你在場時，他們會感受到你的增長，並再次被你吸引。你必須給別人留下深刻印象，讓他們覺得與你交往，自己也能得到提升，確保你可供他們使用的價值大於他們給予你的金錢價值。你應當為此感到自豪，還要讓每個人都知道，這樣你就永不缺客戶。

人們會去能為他們帶來進步的地方。渴望著一切都在進步的造物者，祂知曉一切，會將尚未聽聞過你的人們推送到你面前，使你的業務迅速拓展，你將對於隨之而來的意外收益感到驚喜。

只要你想做，你就能夠持續開創更大規模的整合，獲得更大優勢，並繼續從事更合適的職業。為此，你必須正視自己對於所想要之事的看法，也必須謹守追求想要之事的信念與目標。

關於動機，我必須再次提醒：對於凌駕於他人之上的權力的追求，這種陰險誘惑要慎防。對於未成形或尚在發展中的心靈來說，沒有什麼比藉由威權來統御他人更能使人著迷的了，為了滿足私欲而壓迫統治，是一種相當可怕的詛咒。多少世紀以來，國王和領主們以戰爭血染大地，就為了擴張領土——不是為廣大群眾謀求更多的福祉，而是為了讓自己獲得更大的權力。

當前，產業界的主要動機亦同。人們集結了金錢大軍，在瘋狂的權力競逐中摧折了無數人的生命與心靈。企業霸主和政治上的國王沒有兩樣，都受到權力慾望的誘惑而野心勃勃。

　　尋求權威、成為「大師」、被認為是出類拔萃的人、透過奢華的炫耀來給別人留下深刻印象等等，這類誘惑都要敬而遠之。

　　尋求征服他人的心思，是競爭性思維，而競爭性思維與創造性思維背道而馳。掌控你的環境和命運，你根本不需要去統治身邊的伙伴，事實上，當你陷入世界的高位爭奪時，你就開始被命運和環境征服。如此一來，致富就變成了風險與投機的勾當。

第 15 章 · 積極進取者得天助

> 無論你是醫生、教師或是牧師，你若能給人們
> 的生命帶來增長，使人們有感覺，人們就會被你吸
> 引，你就能致富。

將自己視為偉大而成功的治療師，如前幾章所述，
懷著信念和目標努力實現這一願景的醫生，將與生命之
源緊密連結，使他得以締造非凡成就，病人成群結隊地
來找他。

沒有人比醫學從業者更有機會實踐本書的指引。在
哪個醫學院學到醫術不是關鍵，因為所有學校傳授的療
癒法則都是共通的，而且基本上所有人都能學會。醫學
領域的先進者，抱持著自己是成功者的清晰心理圖像，
遵從信念、目標和感恩的法則，無論使用什麼救治措
施，都能治癒所接手的每個病例。

在宗教的世界裡，群眾迫切需要能傳授真正的生命
豐盛之道的傳道者，傳道者必須嫻熟身心健康、邁向卓
越、贏得愛情以及致富等學問的精髓。能夠在講壇上教
導相關細節的人永遠不缺少追隨者，世界需要這樣的福
音，它能讓生命豐盛，人們很樂於聆聽，並且會慷慨支
持帶來福音的人。

> 我們需要的傳道者，必須能在講壇上展示人生之
> 道。他不僅告訴我們怎麼做，而且本人也能親自展示
> 如何做到。我們需要的傳道者，他本人就是富有、健
> 康、卓越、受人愛戴的人士，他能教導大家如何實現
> 這些目標，他的出現能夠招來許多忠誠的追隨者。

老師也是如此，能用進取的人生信念和意圖來激勵
學生，所以勝任這項工作。任何擁有此信念和目標的老
師，都能將所知傳授給學生，如果這是生活和實際經驗
的一部分，他會義無反顧地傾囊相授。

教師、傳教士和醫生的真實情況，同樣適用於律
師、牙醫、房地產商、保險代理人……各種類似行業。

我所描述的，心理與個人行為的協同組合極度可
靠，是勝券在握的。每個堅定、堅持不懈地、不折不扣
地遵循這些指示的人，都能致富。**生命增長法則，與數
學或萬有引力定律一樣可靠，而致富之學，正是一門精
確的科學。**

工薪階層會發現，自己的情況與上述情況類似。
不要因為你在沒有明顯晉升機會、工資低、生活成本高
的地方工作，就覺得你沒有機會致富。形成你想要什麼
的清晰心理願景，並開始以信念和目標行動。每天做力
所能及的工作，把每一項工作都做好；將成功的力量和
致富的目標融入你所做的一切。這麼做不是為了討好雇

主，別指望上司會看到你的出色工作而提拔你，這種事不太會發生。

　　一個算是稱職的工作者，盡其所能做出符合自己職位的工作表現，並對此感到滿意，對其雇主來說是有價值的，但提拔他則不符合雇主的利益，在既有的職位做出應有的表現只是符合期待的價值罷了。

　　為了確保晉升，除了要做出遠大過現有職位的貢獻之外，還有更多事情要做。積極進取的人，是表現超越現職、對自己想成為什麼人有清晰概念者，他知道可以成為自己想成為的人，也下定了決心要變成自己想成為的人。

　　不要只是為了取悅雇主而去努力做出符合自己職位的工作表現，帶著提升自我的進取心去工作。在職場上謹守自我成長的信念和目標，讓每個與你接觸的人，無論是上司、同事還是友人，都感受到從你身上散發出的，有目標感的力量，以此原則謹守信念和目標，讓大家都在你身上感受到進取和成長。人們關注著你，你目前的工作如果沒有晉升的可能性，你很快就能獲得另謀高就的機會。

　　有個力量永遠在為遵循法則的進取者提供機會。當你以某個特定方式做事，造物者就會幫助你，祂這麼做也是在幫祂自己。

在職場的環境裡，沒有任何事情會讓人沮喪。如果在鋼鐵業集團工作無法讓你致富，在十英畝的農場工作也能讓你致富；如果你開始以特定方式推進，你肯定能擺脫鋼鐵業集團的掌控，進入農場或任何你想去的地方。

如果幾千名員工都採用特定方式推進，鋼鐵業集團很快就會陷入困境，它必須給工人們更多機會，否則就會倒閉。沒有人非為財團工作不可，只有當某些人太無知而不懂得致富之學，或者太懶惰而不去落實時，財團才得以使人們斷絕致富的念想。

只要一展開本書指引的思考與行動方式，你的信念和目標很快就能使你看到任何改善你狀況的機會。這種機會很快就會到來，因為造物者為一切運作著，為你運作，把一切資源帶到你面前。**別只是在等待讓你夢想成真的機會，當可以自我超越的機會出現而且你覺得有動力去爭取它時，就把它抓住。**這將是邁向更大機遇的第一步。

在大宇宙中，對於過著進取人生的人來說，機會永遠都在。大宇宙的固有架構是，**萬物皆為進取者服務，萬物皆為了進取者的利益而共同努力，只要以特定的方式行動和思考，肯定會富有。**因此，任何人滿懷信心按照此行動方針推進，都能心想事成。

第 16 章・告別競爭思維再出發

　　不少人對致富之學嗤之以鼻，他們認為財富的供給是有限的，他們堅信必須改變社會和政府機構才能讓更多的人獲得力量，但事實並非如此。誠然，執政者的過失會使人們難以擺脫貧困，而這是因為人們沒有按照特定方式思考和行動。

　　如果人們學會依本書指引來推進，執政者和產業界根本阻礙不了他們。如果所有的系統都被修改來順應人們向前推動，那麼大家都能致富。

　　只要有進取心，有致富的信念，懷著致富的既定目標向前邁進，沒有什麼事能讓人一直處於貧困狀態。

　　個人可以在任何時間、任何社會環境採行特定的方式使自己致富；在任何社會環境，相當數量的人這麼做時，就會導致系統發生變革，為其他人開闢出道路來。

　　從競爭層面上來講，致富的人越多對其他人就越不利；而從創造力層面上而言，致富的人越多對其他人就越好。唯有讓眾人實踐了本書闡述的致富之道，大家都有錢了，對貧困群眾的經濟救助才得以實現。這樣就能

為他人指明道路，激發他們對現實生活的渴望，相信人人都能致富，並懷著這個目標努力推進。

至此，我們明白了一件事——無論是政府政策還是資本主義下競爭激烈的產業體系，都無法阻擋你致富，知道這樣就足夠。當你進入創造性的思想層面時，你將超越既有框架，成為另一個國度的成員。

請記住，你的念想必須停留在創造力層面上——你不會陷入窘境，認為資源供給有限，或是降級到競爭的道德層面上行事。**每當你陷入舊的思維方式時，要立即糾正自己，因為當你處於競爭性思維時，你就斷絕了一切與大宇宙心智的協同合作。**

不要把時間花在計畫如何應對未來可能出現的緊急情況，除非既定的政策會影響你本日的行動。你關心的是今天的工作是否圓滿成功，而不是明天可能出現的緊急情況，會不會發生都還說不準的事，等出現時再來解決就好了。

別去煩心如何克服可能出現在你業務範疇的阻礙，除非你明確看出必須改變你今天的行動方案以迴避它們。無論遠處的障礙物看來有多麼巨大，你都將發現，若你依循特定方式繼續前進，障礙物會在你趨近它時消失，或者就像一句老話說的：「行到山前必有路」。任何可能的情況組合，都無法阻卻一個嚴謹依循致富之道的

人，數學題目再怎麼複雜刁鑽，也必須讓 1 加 1 等於 2 的答案得分。

別擔太多心在可能發生的災難、障礙、恐慌或不利的外在環境組合。當這些事情突然發生在你面前，是必須應對這些事的時候，你將發現每個困難都伴隨著克服它的必要條件。謹慎發言，永遠別氣餒或用沮喪的方式談論自身、訴說自己的事情或其他任何事。

> 永遠別想著可能失敗，或說著有可能會失敗的話。別過多談論時局的艱困，或總是對景氣不振憂心忡忡。對於在競爭層面上的人來說，時局或許很艱困，生意可能也岌岌可危，但對你來說這種事永遠不會發生。

你能夠開創出屬於自己的志業，而且無所畏懼。當別人處境艱辛、生意不景氣時，你會找到巨大的機會。訓練自己去思考和看待世界，把它看成是正在生成、正在成長的事物，並且認為看起來不太妙的事情只是尚待開發而已。進步一詞必須常掛嘴上，不然就是在否定自己的信念，否定信念等同於拋棄它。

永遠別讓自己有失望的感覺。你或許曾期待在某個時間擁有某樣東西，而時候到時卻未能如願，這對你而言就是一種挫敗。**但如果你堅守信念，你就會發現挫敗只是表面上的。以特定方式持續推進，如果未能獲取期**

待中的事物，給予你的將是更好的，這使得你明白了看似失敗的其實將是巨大的成功。

　　某位學習致富之學的學生，下定決心要進行某項商業合併，這在當時的他看來是非常可取的，他為此工作了幾個星期。當關鍵時刻到來時，事情以完全莫名其妙的方式失敗了，就好像有某股看不見的影響力在暗中與他作對。他沒有失望，反之，他感謝造物者，他的願望被否決了，並懷著感激的心情繼續前行。幾週後，一個好得更多的機會出現在他面前，相較之下原先的交易他根本不該考慮。這個案例讓他看到了，一個比他知道更多的偉大心智存在體阻止他被較小的事物糾纏而失去更大的利益。

　　每個貌似失敗之事，其實都在為你掃除某些障礙。你必須堅定信念，堅持目標，心存感激，並且每天都做著當天可以做的一切，以成功的方式完成每項個別行動。你會受挫，是因為你要求不夠；堅持下去，比你所期待的更豐盛之事物一定會來到你身邊。

　　請記住，你不會因為缺乏必要的才能而做不了你想做的事。如果你按照本書指引繼續推進，你就會發展出實現願景所需的各項才能。培養才能的學問不在本書的討論範圍之內，其道理與致富之道一樣明確簡單。

不要猶豫、動搖，別害怕到了某個階段就會因能力不足而失敗，持續向前推進，到了那個階段，你的能力就會水到渠成。有個能力泉源，使得未受良好教育的林肯能夠運用政府系統完成個人所完成的最偉大工作，同一能力泉源也對你開放，你可以動用所有的智慧來履行你被賦予的責任。懷抱信心持續推進，你距離目標越來越近了。

第 17 章 · 本篇重點整理

　　有唯一心智存在體，萬物皆由其構成，並且在其初始狀態下，沉浸、滲透並充塞宇宙的空間。此心智體中的念想產生了念想所顯化的事物。人們可以在念想中形成事物，而通過將念想銘印在無形存在體上，可以使所想的事物被創造出來。

　　人們必須從競爭性思維過渡到創造性思維，否則就不能與無形存在體和諧相處。無形存在體總是富有創造力，不存絲毫競爭心，人們可以通過對無形存在體賦予的祝福懷抱動人而真誠的感激之情，與無形存在體完全和諧相處。

　　感恩之情把人們的念想與存在體的智慧統合起來，念想會被存在體所接受。只有通過深刻而持續的感激之情，將自己與無形的智慧建立連結，方能讓自己一直維持在創造性的層面上。

　　人們必須對自己想要擁有的、希望去做的或想要成為的事物形成清晰明確的心理圖像，必須在腦海中牢記此願景，同時感激造物者使自己的願望得以實現。想要致富的人，必須花時間思考自己的願景，並真誠地感激

他被賜予的現實人生。

　　再次強調，必須經常思索心理圖像的重要性，並佐以堅定不移的信念和虔誠的感激之情。這就是給造物者留下銘印並啟動創造力的過程。

　　創造性能量，通過自然增長、產業發展和社會秩序的既定通道發揮作用。造物者的一切資源肯定會賜予遵循本書指引且信念堅定不移的人，他想要的東西會通過既定的商業交易流程送到面前來。

　　為了讓所期待之事物上門時能夠確實掌握，我們必須積極主動。每天都必須做好當天能做的一切，以成功的方式完成每件事，提供大家超過所支付金額的使用價值，這樣的每筆交易都能促成生命增長。

　　我們必須保持進取的念想，以便將進步的圖像傳達給所有與他接觸的人。

　　踐行本書指引的人們一定能致富，而且所得到的財富會與願景的大小、目標的堅定、信心的堅持以及感恩的深度成正比。

【邁向卓越篇】

成功的祕密

—只有造物者才擁有真正的智慧或隨時都做對的事，而
　人也能從造物者那裡獲得智慧。

—我們讚嘆一切，凡事皆好，偉大而榮耀的人類正臻於
　完善。

—在想像力能夠形成構想的範圍內，盡可能把理想設定
　得接近完美。

—遵循心靈的指引，要對自己有完全的信心。永遠不要
　自我懷疑或喪失自信，或擔心自己會犯錯。

第1章 · 人人都能邁向卓越

　　有個人人適用的力量法則，依循且善用此法則，誰都能發展自己的心智能力。人有一種與生俱來的力量，通過這個力量，可以朝著任何自己喜歡的方向成長，其成長的可能性沒有極限。

　　沒人能在各個方面的表現都出類拔萃，但在某方面比較優秀卓越還是做得到的，這種可能性就源自打造人類的初始存在體裡。

> 　　天才是落在人間的全知全能之才。天才不僅只靠天賦，天賦或許只是一項較之其他能力更為突出的機能，而天才是人與造物者在靈性上的結合。

　　偉人之偉大，遠超過他們的所作所為，這與他們無極限的潛力儲備息息相關。無須探究一個人心智能力的邊界何在，是否存在著邊界還是個大問號。

　　低等動物的覺察力無法增長，而人類則獨特卓絕，能夠開發與增強自己的覺察力。在很大程度上，低等動物可以被人類訓練與開發，而人也可以自我開發與訓練。這力量為人類所獨有，而且顯然取之不盡、用之不竭。

人類生命的目的是生長，正如樹木和植物生命的宗旨是生長一樣。樹木和植物沿著固定的路線自動生長，人可以憑意志決定自己如何成長。樹木和植物只能發展出一定的可能性和特性，而人則能夠依著自己意志去成長，發展任何力量，類似案例枚不勝舉。

　　只要心智上認為可行的事，血肉之軀皆可能實現。只有人想不到，沒有人做不到。人能想像到的，沒有不可能實現的。

　　人是為成長而生的，而且人也必須成長。人必須不斷向前推進，這攸關自己的幸福與快樂。停滯不前的人生令人難以忍受，不再成長的人要嘛智能退化，要嘛瘋瘋顛顛。成長幅度越大、越和諧、越全面，人就會越幸福。

　　任何人擁有的可能機會，每個人基本上都有。而在自然發展之下，沒有哪兩個人會成長得一模一樣，要很像都不容易。每個人來到這世上都有依循某些路徑成長的傾向，對他來說，依循這些路徑成長比其他任何方式都容易些。

　　這是一個明智的法則，它提供了無窮無盡的多樣性。就像園丁應該把他所有的球莖扔進同一個籃子裡，對於膚淺的觀察者來說，它們看起來都差不多，而成長過程將會揭示巨大的差異。基於此，人們就像籃子裡的

球莖，某一顆可能是玫瑰，為世界的某個黑暗角落增添光明和色彩；另一顆可能是百合花，向每個關注的目光傳遞愛慕與純真的課程；一顆可能是攀緣藤蔓，將一些暗黑岩石的崎嶇輪廓隱藏起來；另有一顆可能長成大橡樹，鳥兒會在它的樹枝上築巢唱歌，中午時羊群會在它的樹蔭下休息。總之，每顆球莖都有其價值，都稀奇少有，都很完美。

從廣義上講，我們周圍的共同生活沒什麼讓人想都想不到的可能性，但也不存在所謂的「普通人」。在國家面臨壓力和危險的時代，流連街角商店的流浪漢或鄉村酒鬼，藉由他們內心的力量法則快速運作也能搖身一變成為英雄和政治家。

每個人身上，都有等待被發掘的天賦。每個村莊都有其傑出人士，被公認具有偉大智慧和洞察力，人們在遇到困難時都會找他尋求建議。地方上出現危機時，整個社區都會求助於這樣的人，他被認定為地方傑出人士。就算是小事，他也會用很出色的方式完成，只要願意承擔，他也可以做出很偉大的事蹟。任何人都可以，你當然也不例外。

力量法則會滿足我們的需求。如果我們只承擔小小任務，就會給我們做小事的能力；如果我們試著以偉大的方式去做偉大的事情，力量法則會賦予我們全然的力量。要注意大事不可小做，對此我們將再做進一步的

探討。

我們大致上可以將人依兩種不同的心態來區分。

有一種心態是像足球般具有彈性，你對它施力，它會有強烈反應，但它本身並沒有施力。它從來不自主動作，它沒有內在的力量。這類型的人被外在環境主導著，他們的命運由外在事物決定，內在的力量法則從來沒有真正啟動過，未曾發自內心地說話或行動。

另一種態度的人，給人感覺像股活泉，總是散發著力量，他體內的能量之井不斷湧出力量以維持生命的恆常運作，周遭資源都在他掌控中。他自我驅動著，使得力量法則持續在他身上發揮作用。他自有其命。

對於任何人來說，沒有什麼比變得積極主動更有利的了。**生命中的所有經歷都是造物者設計的，旨在驅使人們投入自我行動，引導他們從客觀環境的產物轉變為周遭資源的**主宰者。在金字塔架構的最底層的人，是機會和環境的產物，也是心懷畏懼的奴隸。他的行為都是環境中的力量撞擊他所產生的反應，他只按照別人對他採取的行動而作為，並不開創任何事物。不過即使是最低階的野蠻人，在內心也有一種力量法則，使其足堪駕馭所畏懼的一切。如果學到了這點並懂得主動出擊，他就能躋身眾神之列。

力量法則在內在的覺醒是一個人真正脫胎換骨的蛻變，由死轉生，猶如已死之人聽聞稚子之聲而復活，這

就是復活與轉生。被喚醒之後，人成為了至高無上者的子女，天地間所有的力量都將賦予在他身上。

　　任何人能擁有的，你也會有；你能獲得與他人同等的靈性或心智能力，別人可以達成的偉大成就你也做得到。

　　你想成為什麼樣的人，由你決定。

第 2 章 · 先天繼承不是阻礙

　　繼承並不阻礙你取得偉大成就。無論你的祖先是誰，他們是什麼樣的人，無論他們的地位多麼無知或卑微，向上晉升的道路都為你敞開。既定的心智程度會繼承給下一代，這樣的說法純屬無稽之談。

　　無論我們從父母那裡得到的內在資源多麼少，都可以再增添。沒有人天生無法蛻變成長的。

　　繼承有其一定作用。我們生而具有某些源自潛意識的心理特質，比方說容易憂鬱、膽怯或壞脾氣，然而所有潛意識的不良因子都能被導正。當一個人自我覺察並蛻變成功時，他能輕易擺脫那些不良因子。

　　沒有什麼能讓你沮喪。你如果繼承了某種不良心理特質，可以通過努力來消除它，並用良好的特質取而代之。繼承來的心理特質，是你的潛意識中留下的源自父母的慣性思維，你可以形成良性的慣性思維來取代先天的印記。你可以用快樂的習慣來代替沮喪的傾向，你可以克服膽怯或壞脾氣。

　　遺傳影響了不少事情，比方說頭骨構造的繼承。顧相學雖然未必像其擁護者宣稱的那麼重要，但還是有一

定道理的。確實，各種官能的控制中樞都位於腦部，並且官能的力量取決於該區域中活躍的腦細胞數量。大腦面積較大的教師，可能比顱骨較小的教師有更強力的表現。因此，具有特定頭骨結構的人會表現出音樂家、演說家、機械技師等方面的才能，有人據此認為，一個人的顱骨結構在很大程度上決定了他的人生定位，但這未必正確。

擁有許多精細、活躍細胞，面積略小的腦區域，與擁有較粗糙細胞，面積略大的腦區域，兩者的表達能力同樣可以強而有力。

運用意志力與企圖心將力量法則轉化到腦區域來發展某個特定才能，腦細胞就會無限量增殖。

你所擁有的任何才能，無論多麼初階，都能得到增強；你可以增殖特定區域的腦細胞，直到腦部如你所願發揮作用。通過相關能力的最佳化，你確實可以把行動的困難度降到最低，費最少的勁去處理迎面而來的事情。沒錯，只要付出必要努力，你確實能為自己開發出各種天賦。

你能做你想做的事，成為你想成為的人。當你明確了某個想法並依照本書指引去做，你所有的力量都會轉化為實現該想法所需的能力。更多的血液和神經能量會流向大腦的對應區域，細胞迅速繁殖，數量快速增加。

善用意志，可以打造出一個能夠心想事成的大腦。

人不由大腦造就，而是人在打造自己的大腦。

你的人生地位，不由先天遺傳決定。你不會因為環境限制或缺乏機會而被降到較低的層次。人的力量法則足以滿足他心靈的所有要求，如果調整態度並決心力爭上游，那他在任何情況之下都不會感到沮喪。

形塑人、使人成長的神聖力量，掌控著社會、產業和政府等外在環境，此力量從來不會衍生矛盾勢力。

你擁有的力量，也被賦予在你周遭的事物中，當你開始向前推進時，周遭事物就會自行做出對你有利的安排，此事在後面幾章會再詳述：「人是為成長而生的，一切外在事物都是為了促進人的成長而設計的。」

當一個人的靈魂甦醒，走上前進的道路時，他會發現，不僅造物者是為他服務的，宇宙、社會、人群也是為他服務的。只要遵循力量法則，世間萬物都會一起為他效力。

貧窮不是我們邁向卓越的阻礙，因為貧窮總是可以消除的。

馬丁·路德（Martin Luther）小時候在街上唱歌以換取麵包。博物學家林奈（Linnaeus）只有四十美元可以用來自學，他自己補鞋，還經常向朋友討飯吃。蘇

格蘭地質學家休·米勒（Hugh Miller）在石匠門下當學徒，開始在採石場學習地質學。機車發動機的發明者、最偉大的土木工程師之一喬治·史蒂芬生（George Stephenson）是一名煤礦工人，當他覺醒並開始思考時還在礦井工作。發明蒸汽機的詹姆斯·瓦特（James Watt）是個多病的孩子，身體弱到家人無法送他去上學。亞伯拉罕·林肯（Abraham Lincoln）也是個窮人家的孩子。

在每個案例中，我們都看到人身上有個力量法則，使他超越所有的逆境與災厄。

> 你的內在有個力量法則，如果你啟動它並找對方法運用它，你就可以克服所有的先天不良，掌握所有環境和條件，成為一個偉大且強而有力的人物。

第3章·智慧是卓越的基礎

　　大腦、身體、心智、才能和天賦是一個人用來展現不凡的工具，這些工具不能使人變得卓越。一個人或許擁有超級大腦、良好心智、強大能力和傲人的天賦，但若未能善加運用這些優秀素質，他無法成為卓越人士。

　　使人得以充分發揮自己能力的素質，可讓人邁向卓越。我們將這個素質稱為智慧，智慧是使人變得卓越的基礎。

　　智慧是一種感知力，協助人擬定最佳目標，也協助人找到達成目標的最佳方案。智慧，是覺察出當前應該做什麼事最適切的力量。

　　有足夠智慧能知道做什麼事最適切，足夠優秀能一心只想著做對的事，有能力且足夠強大去做正確的事，就是如假包換的卓越人士。這樣的人在任何社群中都會很快成為能力者，人們很樂意向他表示敬意。

　　知識是智慧的根基。倘若全然無知，智慧便蕩然無存，也不知道該做什麼才對。人的所學所知總是相對有限，智慧必須持續增長，除非能將心智與比自己更偉大

的知識達成連結，並通過引導而汲取到被自己的局限性排拒的智慧。真正的卓越人士都是這麼做的。

> 人的學識有限且具有不確定性，以致於智慧無法自給自足。

唯有造物者知道一切真理。因此，只有造物者才擁有真正的智慧或隨時都做對的事，而人也能從造物者那裡獲得智慧。

我再來舉個例子：亞伯拉罕·林肯受的教育有限，但他有能力感知真理。從林肯身上，我們清楚看到的事實是：**真正的智慧，是在任何時候、在任何情況下都知道做什麼事情是正確的；真正的智慧，是擁有做正確事情的意願，並且擁有足夠的天賦與才能來勝任，有能力去做對的事。**

早在廢除奴隸制度運動的年代以及在妥協時期，當身邊其他人或多或少徬徨於該做什麼才對或困惑著應該做什麼事時，林肯不曾猶豫過。他看清了奴隸制度擁護者的膚淺論點，他還看到了廢奴主義者的不切實際和狂熱。他看到了正確的目標，也看到了實現這些目標的最佳手段。正因為人們認知到他能洞察真理並知道該做正確的事情，他們才推選他為總統。

> 　　一個人若能發展出感知真理的力量，能向人證明
> 他總是知道做什麼事才是對的，讓人信任他做的事不
> 會錯，那麼他就會受人尊重而平步青雲。這樣的人，
> 全世界都在熱切探尋著。

　　當林肯成為總統時，他周圍有眾多所謂能幹的顧問，而其中幾乎沒有兩個人是視角一致的。有時他們都反對他的政策，有時幾乎整個北方派都反對他的提案。然而當眾人被表象誤導時，他見到了真相；他的研判極少出錯。他既是那個時期最有能力的政治家，也是最優秀的士兵。他這個學問相對不足的人從哪裡得到這種智慧呢？並不是他的頭殼有什麼特殊結構，也不是因為他的大腦結構有什麼精細紋路。這樣的智慧不來自於某些生理特質，這樣的心智素質甚至不來自於卓越的理性力量。

　　理性處世不容易學到真理，還要倚賴靈性的洞察力。感知到真理的人，是在哪個點上感知到，而此等感知又由何而生呢？

　　我們可以在華盛頓身上看到類似的情況。在漫長且往往看似無望的革命行動中，因為感知到真理，他憑藉信念和勇氣將獨立之前的北美殖民地團結在一起。

　　我們在拿破崙身上的非凡天賦看到了同樣的東西，他總是能夠為軍事行動擬定戰略。我們看到拿破崙的偉

大在於人的本質而不是其名號，在華盛頓和林肯的背後，我們也能發現一些比他們本人更偉大的東西。

我們在所有卓越人士身上看到同樣的事情，他們能夠感知到真理。真理必定要先存在，才能被感知；除非真理被心智靈犀者感知到，否則沒有人知道此真理的存在。

心智不運作，真理的存在就沒有意義。華盛頓和林肯都與某一心智達成連結，此心智知曉各項知識且涵蓋一切真理，而所有能彰顯智慧的人皆然。

藉由讀懂造物者的心意，人獲得了智慧。

第 4 章・宇宙自有大智慧

....

> 大宇宙的智慧存在於萬物之中，並貫穿萬物。
> 此乃唯一的存在體，一切因緣都由此而起，可稱之
> 為智能體或心思質，皆是造物者的顯化。無此存在
> 體，智能如同幻影；無此存在體，一切皆空。

　　念想的催生，必定起源自某個存在體在思考。念想
不宜被視為一種功能；功能是動態行為，而僅憑動態行
為來思考並不合理。念想不會擺盪不定，因為擺盪是動
態行為，而指望動態行為有智能，簡直是緣木求魚。

　　動態行為，就是存在體在運作，若能展現出智慧，
那智慧必定存在於存在體中，而不存在於動態行為裡。
念想不會是大腦運作的成果；如果念想存在於腦中，那
麼它就應當蘊含於大腦的存在體中，而不蘊含於此存在
體的動態行為裡。然而念想並不蘊含於大腦存在體中，
因為如果沒有了生命，大腦存在體就會失智且死亡。

念想存在於賦予大腦活力的生命法則中，也存在
於心智存在體，這是人的真正本性。不是大腦本身在
思考，是人在思考，通過大腦讓念想顯化。

　　心智存在體會思考。正如人的心智存在體滲透到他

的身體中，然後在體內思考與認知，造物者，這個心智存在體的原形，滲入整個本性中，在本性中思辨。本性與人同等聰慧，所知更勝於人，本性知曉一切。

心智存在體從一開始就與萬事萬物有聯繫，它涵蓋了一切知識。人的經驗足以應付一些事，人對這些事了然於心；而造物者的經驗涵蓋了自創世以來所發生的所有事情，從行星的殘骸、彗星的掠過到麻雀的墜落。所有現在與過去的一切都存在於智慧中，這些智慧圍繞著我們、裹縛著我們，並從四面八方籠罩在我們身上的。

與來自人生經驗、活動軌跡與生存哲學的心智所歸結出的浩瀚知識相比，所有人們寫就的百科全書都只能算是細節別冊。

人們通過靈光一現所感知到的真理，是源自於心智體裡的思想。如果不是思想，人們無法感知到它們，畢竟這些思想並不存在；除非有心智體讓思想誕生，否則思想不會問世。心智體就是個能思考的實體。

人是思考體，大宇宙的一員。人的力量有限，而宇宙大智慧的力量無遠弗界。

我們沉浸於心智體中，心智體包含所有知識及真理，且一直將知識傳遞給人們。

自古以來的先知、先覺和偉人，都藉由從造物者那

裡領受之物而變得卓越，而不來自他人所教導之事。這無窮盡的智慧和力量寶庫向你開放，你可以按照需求隨自己的心意運用它。你可以讓自己成為你想成為的人，可以做你想做的事，可以擁有你想擁有的。

為了實現此事，**你必須學會與造物者合而為一**，這樣你才能感知真理，然後擁有智慧，知道該尋求的正確目標是什麼，以及達成目標須使用的正確手段，並確保你的力量和智能足以運用這些手段。在結束本章時，你必須心無旁騖拋開一切無關事物，專注於與造物者達到意識合而為一。

第 5 章 · 奉行正道，追求最高利益

　　除非你克服了焦慮、擔憂和恐懼，否則你永遠不可能成為卓越人士。焦慮者、擔憂者、畏懼者，都感知不到真相，他們身邊的一切事物都被不良心智狀態扭曲而背離正常關係，身陷其中的人解讀不出造物者的旨意。

　　如果你很窮，或者你對商業或財務問題感到焦慮，建議你仔細研讀本書【追求財富篇】所為你提供此類問題的解決方案，無論看起來有多大或多複雜。克服財務方面的憂慮並不難，每個願意依照本書內容去做的人都能克服貧困，變得富有而擁有想要的一切。

　　能使你藉以開展心智及精神力量的同一個源頭，也為了滿足你的一切物質需求而服務。鑽研此真理，直到它牢牢紮根在你的念想中，直到焦慮從你的腦海中消失。找對路徑一路向前，它會引領你到達財富自由的境界。

　　再次強調，如果你對自己的健康感到憂心焦慮，請理解擁有極致健康不是夢，你終究會有足夠力量去做所有你想做的事情，甚至不止於此。

隨時在準備給你財富、心智和精神力量的源頭，同樣樂於為你帶來健康。只要你遵守簡單的生命法則並正確地生活，你就能戰勝疾病，驅除恐懼，獲得極致健康。但僅僅克服財務和健康上的焦慮和擔憂還不夠，你也必須超越道德上的邪惡行為。

現在就探尋你內心的意識，找出驅策你的動機，確保是適當的動機。你必須擺脫情欲，且不受食欲支配，學會控制食欲。吃東西只能是為了充飢，不能是為了解嘴饞之癮，凡事都要讓肉體服從心靈。

你必須放下貪婪。你渴望變得富有與強大，這樣的目標值得去追求。為了心靈富足而努力充實財庫，渴求財富無可厚非，但若是為了動物性的欲求而渴望財富，就另當別論。

拋棄驕傲和虛榮心，別總想著要統治別人或超越他們。這是關鍵——沒有什麼誘惑，比統治他人這樣的私欲更陰險了。

對於一般人來說，沒有什麼比宴會時坐在最高位、在專業領域受到尊崇的敬意、被稱為大師，更有吸引力的了。

對他人施以某種掌控，是自私者不願為人所知的習性。統領人群之權的爭奪，是競爭世界的戰鬥，你必須在這樣的世界中超脫而出，這樣的自我要求是你一生的

修練。

　　放下嫉妒心。不必羨慕別人所擁有的，你想要的一切都能心想事成。最重要的是，要確保你不會對任何人懷有惡意或敵意，那會阻斷與你期待擁有的心智寶藏之間的連結。

　　放下一切狹隘的個人野心，請下定決心追尋最高利益，別被不值一顧的自私自利所左右。

　　回顧前述內容，將所有道德誘惑從你的心中一一清除，下定決心將它們拒之門外。你不僅要放棄所有邪念，且要放棄所有不符合你最高理想的行為、習慣和行動方針。此事至關重要，用你靈魂的全部力量做出這個決定，準備邁向下一個偉大的階段吧！

第6章 · 提升視角,你並不渺小

　　沒有信念的人,無法變得卓越。真正卓越的人,其顯著特徵是具有堅定不移的信念。

　　我們在南北戰爭黑暗時期的林肯身上看到了這個特質;我們在獨立戰爭最難苦階段於福吉谷勵精圖治的華盛頓身上看到了這個特質;我們在李文斯頓(David Livingstone, 1813-1873)身上看到了這個特質,這位瘸腿的傳教士在迷宮般的黑暗大陸非洲中穿行,他的靈魂燃燒著決心,要揭露他心靈憎恨的可惡的奴隸貿易;我們在馬丁·路德(Martin Luther, 1483-1546)和弗朗西斯·威拉德(Frances Elizabeth Caroline Willard, 1839-1898)身上,每個在世界偉人名冊上占有一席之地的人身上都可以看到這樣的特質。

> 　　信念──不是對自己或自身能力的信念,而是對原則的信念;在維護正義的偉大任務中,我們仰仗信念在適當時機為我們帶來勝利。沒有這種信念,任何人都無法達到真正卓越。

　　沒有原則信念的人始終是卑微小人,你是否有此信念,取決於你的視角。你必須學會看待我們的世界是

個持續在進化的個體，它不是一個塵埃落定的既成品。造物者在數百萬年前與非常初階而原形的存在體協同運作，雖然初階且原形，每項成果都完好無瑕。

更高階、更複雜的生物體，動物和植物，隨著時代的發展而出現。地球在其發展過程中經歷了一個又一個階段，每個階段本身都是完美的，並且會被更高的階段所繼承。值得注意的是，所謂的「低階生物」與高等生物一樣，各有其種類，都是完美的。

始新世時期的世界對於那個時期來說是完美的，雖算完美，但造物者的工程還在進行中。當今世界亦然，物質方面、社會方面、產業界都很好，一切都很完美。它或許在某處或某部分還可再優化，但就造物者的神作而言，算是已臻完美。

你必須抱持的視角是：世界仍在建構中，而它所包含的一切都完美無缺。

「世界一切都好」，這是個偉大的事實。凡事皆正確，一切都安好——你必須從這個角度來思考生活中的所有事實。

大自然一切皆好。大自然是個了不起的先進成就，為所有人的幸福而仁慈地運作著。大自然的一切都是美好的，沒有一絲邪惡。大自然並非定形之物，因為它的創造尚未結束，而且能繼續為人們供給較之過去更慷慨

的事物。大自然是造物者旨意的局部體現，而造物者即為愛之化身。

　　大自然已臻完美，但仍可優化。人類社會和政府也是如此，儘管有財團、資本家結盟、罷工等等，這些都可視為向前推進的運作，是完善社會的進化過程中的偶然因素。社會完善了，就能一片和諧，若沒有這些推進運作，社會無法完善。

　　我們看得出來，一切事物都往好的方面走。政府機關與工商業界越來越美好，並且正迅速地趨於完善；然後你會明白，沒什麼可畏懼，沒必要焦慮，什麼都不必擔心。**別再抱怨這個抱怨那個，一切都很美好。就人類文明已發展的階段而言，當下即是最好的世界。**

　　或許對於大多數人來說，這樣的說法無法讓人認同。「什麼！」他們會說：「童工，以及那些骯髒、不衛生的工廠對人們的勞力剝削，不是邪惡之事嗎？夜店不邪惡嗎？你的意思是說我們應該接受這一切，並且說它們還算是好事情？」

　　童工及其類似事物，較之穴居人的生活方式、習慣和做法，沒有更邪惡。那些行為是人類在野蠻階段中為了壯大而出現的運作，就該階段而言，已經算夠妥適了。工業實務是工業在野蠻發展階段中出現的作為，在當下都是最妥適的。

　　當我們不再是產業界的精神野人，而成為本性之人

時，一切就會更美好，這只能通過將整個世代提升到更高的視角來達成。

一切不和諧問題的改善，不只是取決於主事者或雇主，也取決於工作者本身。 當工作者達到更高視角時，就能與身邊的夥伴建立有如親弟兄般的情誼而和諧相處，只要能擁抱群眾與權力，一切皆可心想事成，渴望著更高尚、更純潔、更和諧的生活，所求都能如願。

當工作者開始提升到精神生活層面，並要求更多有益於精神和心靈生活的東西時，該產業就會超越野蠻和殘酷的階段。產業界的現況還算妥適，一切無恙。

夜店和聲色場所也是如此。如果大多數人都渴望這些東西，那麼他們就應該擁有它們，這是合理而符合需求的。當大多數人渴望一個和諧的世界，他們就會創造出這樣的世界。一旦人群處於獸性思想的層面，一旦社會有一部分脫序，獸性表現就不可避免會發生。社會由人們所組成，當人們超脫了獸性思想，社會的表現也能超脫獸性。一個以獸性方式思考的社會必然會有夜店等娛樂場所，這也算是進化的成果，就像始新世時期的世界，一切皆好。

所有這一切，並不阻礙你為更好的事情而努力。你可以用更好的心意和更有希望的精神，致力於完善一個建構中的社會，而不必試圖翻新一個腐朽的社會。無論你將文明視為正在變得更好的好事，還是腐敗中的不良

且邪惡之事，這都將對你的信念和精神產生巨大影響。

　　某些視角能給你先進且開闊的心智，也有些視角會讓你的心智沉淪、弱化。

　　某些視角能讓你成長得更卓越，另一個視角則不可避免地會讓你變得更渺小。

　　某些視角能使你為永恆的事情而努力；以偉大的方式做大事，以完成所有待建構及未臻和諧的事；另一個視角則會讓你成為東拼西湊的改革者，了無希望地致力於拯救迷失的靈魂，讓他們擺脫這個你眼中認為逐漸陷入失落宿命的世界。

　　社會視角的差異，導引你的發展方向南轅北轍。

第 7 章 · 個人觀點決定了人生格局

就社交生活而言，儘管你對其本質的看法很重要，但也別輕乎了你對身邊熟人、朋友、親戚、直系親屬的觀點，尤其是從個人主觀的視角來看。

你必須學會別把世界看成是個迷失和腐朽的東西，而應當是個完美且榮耀的主體，它始終趨向盡善盡美在完善著；你必須學會不以迷失或被詛咒的偏見來看待世人，而應認定他們是持續完善的美好存在。世間沒有「壞」或「邪惡」的人。

能在軌道上拉動重型火車的發動機，在同型裝置中必定堪稱完美，無可挑剔。驅動列車的蒸汽動力很美好，即使因為軌道斷裂致使發動機列車導入山溝，發動機本身也不會因為發生錯位而變糟糕或邪惡。它依然是一部極好的發動機，只是脫離了軌道。

將發動機列車導入山溝而造成毀損的蒸汽力量並不邪惡，那是股極致美好的力量。因此，被錯置或以不完善、不全面的方式運用的裝置本身並不邪惡。世間無惡人；極致優秀者也可能偏離軌道，不需要譴責或懲處他們，再將他們導入正軌即可。

基於我們自我訓練的思考方式，待發展或不完善的

事物在我們看來往往是邪惡的。能結出白百合的球莖根部是個不美觀的東西，人們可能看了就厭惡它。然而，我們若知道美麗百合花會自球莖中長出，卻因為其外表而批判它，那是何其愚蠢。這樣的球莖根實在無可挑剔，它算得上是雖不完善但已夠美好的百合花。

看待世人也是一樣，無論外表多麼不討喜，我們應當懂得以正確的方式看待人們——存在即完美，總在完善中。你看，一切安好。

一旦我們立足這個視角並理解了這個事實，我們就不再想挑剔別人，論斷、批評或譴責他們。與其像迷失靈魂的拯救者那樣工作，我們更應該像天使一般，努力成就一個榮耀的天堂。

我們自靈性中誕生，看見神的國度。當願景被建構完成時，我們不再認為人類僅僅是會行走的樹木。我們讚嘆一切，凡事皆好，偉大而榮耀的人類正臻於完善。

藉由人與人的連結，我們的心態變得更遼闊而廣大。在我們眼中，人人皆是偉大的存在，願意以莊重之道與人相處，為人辦事。而若我們採取另一種視角，會看到一個迷失和墮落的族群，使得我們退縮到萎靡的心智中，我們與人相處、為人辦事時，就會採行格局小且緊湊的手法。

切記，要堅守正確的視角。一旦你這麼做，就必須以卓越人士的風範待人處世，以此標準對待朋友、鄰居以及家人。

你必須始終認定自己擁有偉大進步的靈魂，對自己說：「我已具有原本造就我之物，它沒有缺陷、弱點或疾厄。這世界尚不完善，在自我意識中，造物者既美好又完善。沒有什麼事不對勁，除了個人心態之外。一旦違背了內在本性，個人心態就會不對勁。一直以來，我都是造物者的良好顯化，我會致力於完善自我。我如此相信，無所懼怕。」

你若依上所述完善自我，就能擺脫一切恐懼，在發展強而有力的卓越人格的道路上大有進步。

第 8 章 · 依循力量法則，全情奉獻

你與這個世界，以及身邊同伴們建立起正確關係的視角之後，下一步就是奉獻；而真正意義上的奉獻，簡言之就是對於心靈的順從。

你的內心深處有一種力量，它總是推動你向上、前進，在推進著某事的，就是神聖的力量法則，你當無所罣礙地服從它。

沒有人會否定這樣的說法：如果你卓越出眾，那份卓越必定是發自你內在的展現。毫無疑問，此等展現必定是來自你內在的最卓越、最崇高之事物。它既非心智，也不是聰明才智或理性。如果你只依靠自己的理性力量而非依循力量法則，你就不可能成為卓越人士。

人的理性捉摸不了法則，對道德也理解不足。人的理性就像個律師似的，可為任何一方辯護。小偷的聰明才智能規畫搶劫和謀殺手法，如同聖人的聰明才智能規畫偉大的慈善事業一樣。聰明才智幫助人們找到做正確事情的最佳手段和方式，但它並不會向人們昭示什麼是正確的事。

聰明才智和理性，很容易為自私的人服務於他的

自私目的，就像它們為無私的人服務於他的無私目的一樣。運用聰明才智和理性時將法則放一邊，也許還是能被認定為很有能力，但永遠不會被認定有力量而且能在生命裡展現你的卓越出眾。

　　未能依循力量法則，給予聰明才智和理性過度的操鍊，在心靈依循的養成不足，是個人心態最容易走偏的原因。

　　回歸到自己的中心思想，總能找到與每種關係之間最適切的純真想法。讓人生符合你偉大內在的純真想法，可以增強力量而邁向卓越。以此觀點來說，每次妥協都將以力量的流失為代價，這件事請銘記於心。

　　在你心底往往會萌生許多想法，想法雖多卻不盡然實用，而基於習慣的驅使，你還是任由各種想法左右著你人生的作為。先把這些都停下來，放棄所有你不需要的東西。

　　有許多不高尚的陋習，無論是社交慣例或民間習俗，儘管你知道它們總在讓你降階、貶低你、限縮你的表現，你仍然遵循著。超越這一切吧！我的意思不是要你全然無視慣例或者普世標準中的是非對錯，別這麼做，然而你可以從束縛多數伙伴們的狹隘局限中讓自己的心靈脫困。

　　別把時間和精力用在支持不合時宜的機構，無論是宗教機構還是其他機構；莫被無法說服你的教條所束

縛，解放你自己。你也許已經形成了一些身心的感官習慣，將之摒棄。

你依然沉浸在無法信賴的恐懼中，擔心事情會出錯，擔心人們會背叛你或不善待你。超越所有人吧！

如果你在某些方面、某些場合仍然表現得自私，別再這麼做了。

遠離所有負能量，以你已在腦海中形成構想的最良善思維取代之。

如果你渴望進步但仍裹足不前，請記住，這可能只是因為你所想的勝過你所做的。你必須按照自己的想法行事。

讓你的想法依循力量法則，然後按照你的想法走你的人生路。

堅定你的態度，在職場、政界、社區事務和家事各領域表達你能構思出來的最好想法。讓你對所有人，無論大小，尤其是對你自己家庭成員的態度，永遠是你所想得到的最仁慈、最親切、最有禮貌的態度。

謹記此觀點──在眾神中，你已是其中一員，必須導引自己與神同行。

想要成為卓越人士，就不能屈居下位被宰制，而應高居上位來統治。所以，你不能被肉體衝動所控制，你

必須讓你的身體聽命於心智。背離力量法則的心智，將引導你走上自私且失德的道路。

　　你必須讓心智順從心靈，而你的心靈則受到你的學識程度所限。你必須讓心智順從，它不需要理解力的探索，一切事物都在會心靈之前清晰展開。

　　這就是奉獻。全然，毫不保留地奉獻，你就以強而有力的卓越方式邁開了第二大步。

第9章·與造物者同行，天人合一

....

認知到造物者超然存在於自然界、社會環境及你的伙伴中，使自己與周遭一切和諧共處，並發自內心將自己奉獻給最偉大和最崇高的事物之後，接下來就是意識到並充分認知到一個事實——你內在的力量法則，就是造物者本尊。

你必須在主觀意識上認同至高心智體，這並非某種捏造的不實論點，而是斬釘截鐵的事實。

你當與造物者協同一致，你會在主觀意識上認知到此點。**有一存在體，萬物之本源，這存在體本身就具有創造萬物的力量，所有的力量皆蘊藏其中。這存在體有其意識、會思考，需要完善的理解力和聰明才可以發揮作用。**

此事你應心裡有數，因為你知道有此存在體，而且必定是有意識的存在體。

人有意識，會思考，人是存在體且必定是存在體，否則人就與泡影沒有兩樣，遑論存在。

人是存在體，有意識、會思考的存在體。宇宙只能有唯一的存在體，而人也來自那初始的存在體，是

所有生命和力量的泉源，並以實體形態呈現。

　　人不可有異於造物者。聰明才智在任何地方皆同，在任何地方都必須是屬性相同的存在體。造物者和人類的心智一致，不可能是兩回事；心智只存在於心智存在體中，而心智存在體就是造物者。

　　人與造物者同屬一類，因此造物者擁有的一切才能、能力和可能性，人同樣都被賦予，不僅只存在於少數傑出的人身上，而是存在於每個人身上。

　　人的力量法則取決於人本身，人本身也等同造物者。雖然人是原形存在體，且蘊含一切力量和可能性，然而人的意識有其局限。

　　人並不盡然懂得所有需要懂得的事，因此不免要犯錯。為了避免犯錯，人必須將心智與自身所通曉的一切事物結合起來。

　　人必須有意識地與造物者合而為一。人的四面八方被心智體圍繞著，比呼吸更貼近，比手腳更靠近，這個心智體承載著曾經發生過的一切，從史前時期大自然最劇烈的震動，到一隻在此刻墜落的麻雀，以及當前既有的一切。在這個心智體中，蘊含著本性背後的一切宏偉意旨，因此它能預見未來的面貌。

　　人被心智體環繞，此心智體無所不知，通曉古往今來，人類文明曾有過的一切皆被其吸納。人與心智

體為同一物，人自心智體出發向前推進，心智體所知者人亦隨之，便與心智體合而為一。

你對自己與至高無上者的協同一致，必須通過你主觀意識的認知來完成，認知一項事實──世間所有的智慧都蘊藏於唯一存在體之中。

如果你已澈底讀通前面章節的內容，如果你修得正見，你的奉獻圓滿了，你的自覺認同就不難實現。一旦達成了，你就能擁有想要尋求的力量，因為你已經使自己與此力量合而為一。

第 10 章 · 堅持向夢想前進

　　你處於初始存在體的思維中心，而初始存在體的念想具有創造力；念想形成的架構，必須化為物質形式，有其可見的存在，而存在體思考時形成的念想形式是真實不虛的。念想真實存在，無論它是否為肉眼可見。

　　這是一個你應該牢記在認知中的真相——存在體思考時的念想真實存在，念想有其形式，而且確實存在，即使你未能以肉眼見著。

　　人自己想出來的各種形式，都會在內心裡照單全收；生活中，在人們周遭本來就圍繞了許多與自我念想相關的無形事物。

　　你若渴望一件事，就清晰地描繪它，並牢牢記在心裡，直到它成為一種明確的念想形式；如果你的所作所為不至於使你與造物者漸行漸遠，你想要的事物會以實質形式來到你面前。在依循開天闢地的力量法則之下，此事必然水到渠成。

　　別讓你自己的念想形式與疾厄發生關聯，應該要形成健康的概念。要讓你的念想形式變得強悍、熱忱、極

致美好，將這種念想形式銘印在有創造力的心智體。如果你所作所為依循著建構生理軀體的法則，憑藉你個人的體能條件就能心想事成。此事遵循著力量法則，所以十分明確。

按照期望打造你自己的念想形式，並在想像力能夠形成構想的範圍內，盡可能把理想設定得接近完美。

讓我舉例說明：如果一個年輕的法學院學生想邁向卓越，請他先想像自己是一位傑出律師（同時觀照前面所指引的視角、奉獻和認同），倚靠自己對於真理、知識和智慧的超強掌控力，在法庭上的法官和陪審團面前以無與倫比的口才和力量為自己的案件辯護。請他把自己想像成在任何可能的情境和突發狀況下都是傑出的律師，即使仍然還在學生時期，應該自我要求永遠不要忘記或辜負自己內心期許的那個傑出律師。

當念想形式在心智中，在創造能量裡，變得更明確且習以為常，它就會無所不在地運作著，念想開始從內部顯化，也透過外在要素具象化，紛紛湧到眼前來。如此可為自己打造形象，而造物者會與你協同，所有念想皆能心想事成。

同樣，音樂系的學生將自己描繪成能演奏和諧美聲來取悅廣大觀眾的人。演員為自己的藝術形塑出他想能

達到的最高峰構想，並將此構想運用於己身。農民和機械技師所做的也完全相同。

　　確認你所希望成為的理想模樣，仔細考慮並確保你做出正確的選擇。**不要過於糾結於周遭人們的意見或建議：請相信，最了解什麼才適合你的只有你自己。傾聽別人的意見之後，終究要形成自己的結論。不要讓別人決定你應該成為什麼樣的人，做那個你想成為的人吧！**

　　你不能為他人承擔任何會妨礙你充分發揮自我的義務或責任，不要被錯誤的義務或責任概念所誤導。對自己忠誠，如此一來你也能與人真誠相待。

　　當你完全決定你想成為什麼時，就會建構你所能想像目標的最高構想，並使該構想成為一個念想形式。將此念想形式認定為既成事實，視為與自己切身相關的確實真相，並深信不疑。

　　把那些與目標背道而馳的建議拋諸腦後。別在乎被人們說你在癡人說夢，堅持你的夢想勇敢前進。請記得，拿破崙 · 波拿巴，這位營養不良的中尉，始終認定自己是軍事統帥與法國的主宰者，而且他以外顯的實際行動促使自己的想法成真。你也能做到。

　　細心觀照所有先前的章節裡提過的內容，且依照接下來的章節的指示行事，你就能成為自己想成為的那個人。

第 11 章 · 為目標擬定實踐方案

　　你若認為推進到前一章就已大功告成，那恐怕永遠無法達到卓越，到頭來你終究還是個夢想者、空中樓閣的搭建人。大多數人皆止步於此，他們不明白即刻行動來實現願景且將念想形式轉化成真的必要性。

　　有兩件事非做不可：第一件事是，要形成念想形式，其次，讓發自念想形式及圍繞其周邊的一切都確實為你而動員起來。此事本書先前的內容已探討過了，接下來為你提供第二件事的推進指引。

　　當你為自己創生一個念想形式時，就已經於內在形成自己想成為的樣子，接下來你必須包括外表也形塑為自己想變成的模樣。於外在尚未有卓越的事蹟之前，你會先從內在達到卓越，畢竟極少人能夠一出手就創建一番豐功偉業；沒有人能夠搞不清楚什麼狀況就成為傑出的演員、律師、音樂家或名人；在你尚未做出些許成果之前，沒人會把重責大任託付予你，然而你總可以開始用高明的手法處理尋常小事。

　　此祕密盡在其中。就是今天，你可以在家中、商店或辦公室、街道上、任何地方開始展現卓越；以高明的

手法完成所有事，你就可以開始展現自己的卓越。

　　你必須將自己偉大靈魂的所有力量投入到每一個
行動中，無論行動多麼微不足道，同時在家人、朋友
和鄰居面前展現你的真實樣貌。

　　不要吹噓或誇耀自己，不要到處告訴人們你是何等
卓越的人士，只要以卓越的方式過日子就行。

　　當你跟人們說你是個卓越人士，沒人會把它當回
事，但你若以行動展現出你的卓越，就沒人能質疑。

　　在家族圈裡，你要夠公正、夠慷慨、夠有禮貌、
夠和善，讓家人、配偶、子女、兄弟姐妹知道你有偉大
而高貴的靈魂。在所有的人際關係中，要保持良好、公
正、慷慨、禮貌和友善，卓越者當如是。

　　接下來，也是最重要的一點，對於真理的看法，你
應當要有絕對自信。切莫倉促行事，凡事深思熟慮，等
確信自己知道了真正方法時再採取行動，這個時候，就
算全世界都不認可你的觀點，請遵循自己信念的引導行
事。如果你連造物者通過小事情來告訴你的訊息都不採
信，你就無法在大事上仰仗祂的智慧和知識。

　　當你深深感覺到某個行為實乃正道時，就去做，並
堅信必有好成果。

　　當某件千真萬確的事給了你深刻印象時，無論現狀
看來多麼事與願違，都應當認定真金不怕火煉並採取相

應的行動。

　　培養對於大事運作法則洞察力的一個好方法，是絕對相信你對於小事運作法則的洞察力。請記住，你要持續探求發展這種能力或機制——運作法則的洞察力，你始終要學會解讀造物者的旨意。

　　在造物者眼中看來，沒什麼事特別偉大，也沒什麼事特別渺小；祂將太陽定置於其所在，祂也留意到某隻麻雀的墜落，對於你有多少髮絲也了然於心。上到國家大事，下到日常生活中的小事，造物者都同樣關注。

　　如同對於治國之道的看法，你也能洞察家庭、鄰里事務的運作法則。對這些小事務的運作法則胸有成竹是開展的第一步，這個觀念每天都在你面前揭露。

　　當你強烈感受到必須採取一種似乎與所有理性和世俗判斷背離的做法時，就採取這種做法。傾聽別人的建議和忠告，但始終做你內心深處覺得真正要做的事情。**隨時都絕對相信自己對運作法則的洞察，務必傾聽造物者所言——莫倉促行事，遠離恐懼與焦慮。**

　　所有在生活中遭遇的事件與情境，都仰仗你對真理的洞察。如果你深切地感受到某個人某天會在某個地方，就抱持全然信心，去該處與之相見，他將會出現，無論看起來似乎有多不可能。

如果你確信某些人正在進行某些整合或做某事，請依照信念行事。你若篤信任何情況或發生事件的運作法則，無論是遠近，無論在過去、在當下還是在未來，請相信你的洞察。

剛開始的時候，你可能會因為對內在的認知不完善而偶爾犯錯，你總會迅速被引導在正軌上。很快，你的家人和朋友將開始越來越遵從你的判斷並接受指引。很快，鄰里人士都會來向你尋求建議和協助，你的辦事能力很快就會得到認同，並且會越來越被委以重任。

你所需要的，就是在所有事情上絕對接受你內在之光以及你對運作法則的洞察。遵循心靈的指引，要對自己有完全的信心。永遠不要自我懷疑或喪失自信，或擔心自己會犯錯。

第 12 章 · 重塑你的自我認定

　　人生總有許多問題，家裡的、社會上的、生理的和財務的，在你看來，這些問題都迫切需要解決。你也許有債要還，或是其它必須履行的義務；你的處境不愉快、不和諧，覺得必須立即有所作為。莫要倉促行事，不要因膚淺的衝動而出手。

　　你要相信，造物者會解決你所有的人生難題。別著急，造物者一直都在，世界一切安好。

　　你身上有一種無敵的力量，同樣的力量也存在於你想要的東西中。這力量把你想要的東西送到你面前，也促使你向它們靠近。

　　這是一個你必須緊抓且片刻不可鬆手的念想，也就是說，你擁有的智識也會蘊含在你渴望的事物中。

　　你渴望的事物會被強烈而堅定地推向你，就像你的欲望驅使你走向它們一樣。因此，一個穩定念想的傾向必然會把你想要的東西帶到你身邊，並將它們聚集在你周圍。

　　只要念想和信念正確，凡事都必定會順理成章。除

了你自己的個人態度之外，一切都在正軌上，抱持正確信念且無所畏懼，就是最好的態度。

急躁是恐懼的產物，無所畏懼者總不缺時間。如果你充分信任自己對運作法則的洞察並採取行動，那麼你永遠不會太早或太晚，一切都會在掌控中。

如果事情看起來不對勁，不要心煩意亂，所謂的不對勁，往往只是表象。除了你自己之外，世上沒什麼事會出差錯，而你，只有在陷入錯誤心態時才會犯錯。

每當你發現自己處於興奮、擔憂或陷入急躁的心態時，坐下來想一想，找個遊戲玩玩，或去度個假。旅行也是不錯的安排，當你回來時一切都會好轉。

因此，當你發現自己處於急躁心態時，肯定會覺察自己在心態上已與卓越漸行漸遠。急躁和恐懼會立即切斷你與宇宙心智的聯繫，除非你平靜下來，否則你將喪失力量、智慧和資訊。陷入急躁狀態時，你內在的力量法則將進行自我檢核。恐懼使人由強轉弱。

請記住，冷靜和力量是密不可分的。

平靜而均衡的心智，是偉大且堅定的心智，倉促焦躁則會讓心智變軟弱。當陷入急躁的心理狀態時，你很可能會發現自己失去了正確觀點，開始認為這個世界或它的某部分出了問題。此時請參閱本篇第 6 章，考量此一事實——目前的工作成果堪稱完善，沒有哪裡不對

勁，一切安好；淡定看待，保持冷靜，心情愉悅，相信造物者。

　　接下來就習慣而言，你最大的困難很可能是克服舊有慣性思維模式，並形成嶄新的習慣。全世界都被習慣宰制著，國王、暴君、主人、財閥之所以能保住自己的地位，只是因為人們已經習慣性地接受了他們。

　　事物之所以如此，只是因為人們已經養成了接受事物本來面目的習慣。當人們改變對政府、社會和產業機構的習慣性思維時，他們就會改變這些機構。

　　我們所有人都被習慣宰制著。

　　也許你已經養成了一種習慣，認為自己是個普通人，一個能力有限的人，或者或多或少是個失敗者。在你的慣性思維中，無論你認為自己是什麼，你就是什麼。**現在你必須養成一個更好的習慣；你必須形成一種自我概念，認為自己是一個擁有無限力量的存在，並習慣性認定你就是那個存在。**

　　決定你命運的是習慣性思維，而不是周期性思維。如果在一天的其餘時間裡，當你在從事日常工作時認為自己並不卓越，那麼每天間隔幾次坐一會兒來確認自己是卓越的，對你毫無助益。**如果你仍然習慣性地認為自己很渺小，那麼再多的禱告或自我認定也無法讓你邁向卓越。**

禱告和自我認定，是為了改變你的慣性思維。任何行為，無論是精神上的還是身體上的，經常重複，都會成為一種習慣。心理練習的目的，是一遍又一遍地重複某些念想，直到這些念想變得持續和習慣。我們不斷重複的念想，最終會成為信念。

　　你必須做的就是重複自己的新念想，直到它成為你看待自己的唯一方式。並非外在環境，而是慣性思維造就現在的你。每個人都有某些屬於自我的中心思想或意識形態，通過這些念想來對各項事務及外部關係做分類安排。

　　你要嘛基於自己是性格堅強的卓越人士的念想，來對己身事務界定輕重緩急，或者考量己身能力的局限、平凡無奇或軟弱的念想來處世。若總是後者，你的中心思想有必要改變。

　　重新描繪自己的心智圖像。與其試圖藉著複誦一連串話語或套用膚淺公式來達到卓越，你應當一而再地重複思考自己的力量及所能，直到界定好外在事務的輕重緩急，再依此念想決定你在各個場合的定位。相關的心理練習及更進一步的指引，會在另一章中提到。

第13章 · 念想，一切都從思考開始

....

> 卓越，只有經過不斷思索卓越的念想才能實現。只有先從內在達到卓越，外在人格才能夠顯現偉大。讓內在達到卓越的唯一方法，是思考。

　　如果不思考，沒有念想，再多的教育、閱讀或學習都不能讓你邁向卓越。有了念想，再加上少許學習，就能讓你達到卓越，許多人以為不必思考只靠讀書與學習，也能成就自己的事業，這終究要事與願違。一個人的心智發展不由讀了什麼、學了什麼決定，而是由閱讀之後、學習之後產生什麼念想來決定。

　　在所有的勞務中，思考是最辛苦、最累人的，所以多數人都是能不動腦就不動腦。

　　造物者造人，要人們依照念想不斷推進。我們要不是在思考，要不就是在從事某些活動以逃避思考。大多數人把閒暇時間全花在輕率、無盡止地追逐快樂上，瞎忙一場都只是為了逃避思考。

　　人在獨處時，或是沒什麼有趣的事可以吸引他們的注意力，比如讀一本書或看一場演出的時候，就必須思考；為了逃避思考，人們會求助於書本、表演以及各類可觸及的休閒娛樂項目。

許多人將大部分閒暇時間都花在逃避思考上，致使人生駐足不前。唯有懂得去思考，我們才能進步。不必在意書讀得少，我們應該多思考，而閱讀偉大的作品則有助於思索重大問題及議題。

　　當前，在這個國家真正偉大的政治人物少之又少，都是一幫小氣政客。沒有林肯，沒有政壇三巨頭——韋伯斯特（Daniel Webster, 1782-1852）、克萊（Henry Clay Sr., 1777-1852）、卡爾霍恩（John C. Calhoun, 1782-1850），也沒有力抗腐敗貴族的總統傑克遜（Andrew Jackson, 1767-1845）。為什麼會這樣？因為當今的政治人物只能處理上不了檯面的、瑣碎的問題，計較著蠅頭小利、調解紛爭及政黨利益，讓物質繁榮凌駕於道德人權。依循這樣的思路發展，召喚不出偉大人物。林肯以及在其之前時期的政治家則解決了永恆真理、人權和正義的問題，當時的人們思索著偉大的命題，他們有偉大思想，成為一代偉人。

　　除了吸收知識與資訊之外，還要思考，思考能塑造人的個性。思考是一種成長，人一思考就會成長。

　　每個念想都能催生出另一個念想。寫下一個念想，其他念想就會隨之而至，直到你寫完一頁為止。人很難捉摸自己的心智，它觸不到底部也找不到邊界。初步的念想往往較粗糙，然而用進廢退，在持續思考之後你就

會越來越得心應手，加速全新的腦細胞活動，發展出全新技能。如果你持續不斷地練習思考，諸如遺傳、環境、情況等所有事物都必定會為你開路。在另一方面，如果你自己不勤於思考而總愛用別人的念想，你永遠不會知道自己能做什麼，到頭來你會變得無能為力。

　　背離初始的念想，就不可能存在真正的偉大。
一個人外表所做的一切，都是他內心思想的表達與實踐。

　　沒有念想，任何行動都是不可能的；除非先有偉大的念想，否則任何偉大行動都不可能發生。行動是念想的第二形式，而人格是念想的具體化。環境是念想的結果，事物會根據你的念想在你周遭自行組合或排列。

　　正如愛默生所說，人要先有中心思想或觀念，依此對人生中所有的事務做出安排和分類。改變這個中心思想，你就改變你生活中所有事務和情況的安排或分類。你就是你，你所做即為你所想；你所在之處造就了你，因為你所在即為你所想。

　　如此一來，我們就能理解，多加審度先前幾章提到的重大要點，是至關緊要之事。你不能敷衍了事，必須用心思考，直到這些要點內化為你中心思想的一部分。

　　回到觀點問題上，從各個方面考量這個巨大念想：**我們身處在一個完美世界，周圍皆是完美人士，只要心**

態對了，凡事都會在正軌上。請再三思考，直到完全意識到此事意味著什麼。

請想想，世界由造物者打造，這是所有可能世界中的首選，到目前為止，世界已通過有機的、社會的和產業的進化過程而漸趨完善，並且正在走向更加完善與和諧。想想看，有一個偉大、完美、智慧的生命和力量法則，導致宇宙的所有變化現象。請再三思考，直到你確信此事不假，直到你理解身為這個完美群體的成員之一，應該如何為人處世。

接下來，想想這個美好的真理：

你本身就具有大智慧，那是自有的智能。它是一種內在的光，驅使你走向正確的事情、最好的事情、最偉大的行為和最高的幸福。這是內在的力量法則，賦予你所有的能力和天賦，如果你順從它並行走在光明中，它會正確地引導你走向最好的境界。

當你說：「我會服從我的心靈」時，請考慮一下奉獻自己意味著什麼。這句話意義重大，它必定會徹底改變一個尋常人的態度和行為。想想你對至尊全能者的服膺；祂所有知識都能賜予你，所有智慧都能賜予你，只要你提出請求。

你若像造物者一樣思考，你就等同是造物者；像
造物者一樣思考，你必會行事如造物者。神聖的念
想，肯定會在神聖的生活中顯化。

　　力量豐沛的念想，能迎來力量豐沛的人生，偉大
的念想，能在偉大的人格中顯化。

　　將這一切思考周全，接下來就該展開行動了。

第14章 · 邁向卓越，就從家裡做起

························

如果你所處的環境無法讓你把才能發揮到淋漓盡致，就找個適當時機另謀高就。無論何時何地，你總能做出優異的表現。

不要只想要邁向卓越，要認定自己現在就很優秀。

不要只想著在未來的某一刻你會開始讓人另眼看待的表現，現在就開始大展身手。

不要只想著你要換到另一個環境才會有優異表現，就地即刻，盡己所能去做事。

不要只想著必須等到大事臨頭你才得以大展身手，應當開始以優異手法處理小事。

> 不要只想著必須置身於聰明人士或更了解你的人之中你才會變得卓越，現在就開始以高明的方式與周遭人群打交道。

林肯在擔任偏遠地區的律師時和當總統時一樣卓越。身為偏遠地區的律師，他以出色的方式處理尋常事務，這使他具備成為總統的條件。若是他直到身處華盛頓時才開始有優異作為，他勢必依舊無人聞問。

你的卓越，不只取決於你身處的地點，也取決你周

圍的事物。只靠著別人的賜予，你無法達到卓越，總要仰仗他人，你永遠無法展現卓越。只有當你開始獨立自主，你才能夠邁向卓越。

無論是事物、書籍還是人，摒棄一切仰仗外部事物的念想。正如愛默生所說：「研究莎士比亞，永遠造就不出一個莎士比亞。」必須思索莎士比亞的思想，才能打造出莎士比亞。

不要介意周圍的人，包括你自己的家人，可能會如何對待你，這與你的卓越無關。換個說法，這些無礙你邁向卓越。

人們或許會忽視你，對你表現出忘恩負義和不友善的態度，這是否會妨礙你以良好的方式和態度對待他們？

如果造物者因人們不感恩、不欣賞祂而生悶氣甚至離去，那祂還是偉大的造物者嗎？我們也可以學習造物者，以高尚完美的仁慈方式對待忘恩負義的人和邪惡的人。

不要過多地談論自己的卓越；從本質上來說，你並不比你周圍的人更卓越。你可能已經進入了他們尚未找到的生活方式和思維方式，但他們在自己的思想和行動層面上是完美的。**不要因為覺得自己卓越出眾，就希望獲得任何特殊榮譽或待遇。**

與造物者協同運作，人是萬物之靈。不要拿別人的

缺點和失敗與你的美德與成就相比，那會使你淪入自誇心態，反倒貶低了自我而不再卓越。

認定自己是完美眾生中的完美存在，平等對待眾人，而不高看或貶低。卓越人士應謙沖為懷，不要自抬身價。

不企求榮譽，不尋求認可，一旦名符其實，榮譽和認可必將隨之而至。

就從家裡做起。在家裡總是能夠泰然自若、放心、冷靜、非常友善和體貼的人，是個卓越人士。

如果你在自己家裡的行為舉止和態度盡是可思及的最佳之道，那麼你很快就會成為眾人的依賴對象。你將成為一座強力堡壘，成為危難時的支持者，你能得到人們的愛戴和讚賞。同時，不要犯這樣的錯誤——為了服務他人對自己全然不顧。

卓越者懂得自重，他們為人服務且提供協助，不出自奴性。我們協助家人，不是做他們的奴隸，或把那些理應由他們自己處理的事情拿來做。

被某人過度依賴，會對他造成傷害。回絕自私及苛求者的企求，能使他們的境況好轉。

理想的世界，不是一堆人等著讓人來伺候的世界；理想的世界，是人人都能獨立自主的世界。無論

面對著自私者還是其他人，都應該以極致善意和體貼之心滿足所有的需求，不讓自己成為其它團隊成員突發奇想、反覆無常、苛求或奴性欲望的奴隸，因為這不是好作法，往往會傷害對方。

別因為任何團隊成員的失敗或錯誤而感到不安，並覺得自己必須干涉。其他人遇到問題時，不必感到不安，覺得必須介入並糾正他們。請記住，每個人在自己的層面上都無可挑剔，老天自有其安排。

不要干涉他人的個人習慣和做法，即使他們是你最親近的人，那些事基本上與你無關。這世界唯一可能要修正的，只有你的心態，心態調整好了，一切都會是對的。

當你能夠與那些做著與你無關的事情的人共處，且不予批評或干涉時，你就算得上是卓越人士了。

做適合你做的事情，並相信你的每個團隊成員都在做適合他的事情。任何人或事都沒有問題，一切安好。不要成為誰的奴隸，同時也請留意，不要讓任何人受制於你自己的是非觀念。

思考，深入、持續地思考；展現你的極致善意和體貼之心；你要在心態上自我期許為與造物者協同運作的萬物之靈，而不只是優於低階生物的存在。這是從家裡做起的，邁向卓越之道。

第 15 章 · 向外行動，朝著更大的目標推進

> 你在家裡適用的行為準則，必定也適用於你在任何地方的行為。請記得這是個完美的世界，你是與造物者協同運作的萬物之靈，你的卓越無與倫比，而眾人皆可算是旗鼓相當。

你應全然仰仗自己對真理的感知。無須解析，對於內在之光，你只要相信，且確保你的感知來自內在之光；行事冷靜淡定，沉穩地跟隨造物者的腳步。

為了指引你個人的生活或他人生命中可能出現的任何意外情況，你對自身的全心智認同會為你提供所需的一切知識。你只需要保持極度的平靜，並依靠你內在永恆的智慧。如果你行事冷靜且信心飽滿，你的判斷永遠會是正確的，你總是知道該怎麼做。

不要著急或擔心。想想處於戰爭至暗時刻的林肯，曾任國家部長的詹姆斯·弗利曼·克拉克（James Freeman Clarke, 1810-1888）說過，弗瑞德里克斯堡戰役之後，林肯一人為國家提供了信心和希望。當他遇刺身亡之後，來自全國各地的數百名領袖人物哀傷地走進他的房間，出來時則對未來充滿希望。這位最高領導

者，生前曾與他們面對面交流，在這個笨拙卻耐心十足的人身上看到了造物者的顯化，儘管他們當時並未覺知。

你應該對自己本身及自己應對任何情況的能力充滿信心。你應在獨處時避免被打擾，當你需要朋友時，他們會在適當時間出現在你身邊。

當你覺得自己一無所知時，應避免被打擾，你需要的資訊會在適當時機被推送到你面前。

在內心推動你前進的，源自於你需要的人事物身上，驅使他們向你靠近。如果某個特定人士需要你去認識他，會有人將他引介給你；如果有一本你需要讀的書，它會在適當的時間送到你的手上。你需要的所有知識自四面八方而來，你掌握的資訊與才能總是可以符合當下情況的需求。

一旦你覺醒，開始以一種高明的手法運用自己的才能，你會把力量善加運用於開發大腦，創生新的細胞，休眠的細胞也會迅速活躍起來，你的大腦會成為你心智的利器。

在你還沒準備好以高明的手法開展之前，不要試圖進行重大任務。

如果你處理大事的手法不夠大器，也就是說，你的視角過低，或是投入不夠，信心和勇氣動搖了，你就會

失敗。

別急著要做出一番豐功偉業。豐功偉業不會讓你邁向卓越，然而邁向卓越必定讓你開創出一番豐功偉業。

邁向卓越的起點，就位於你的所在地及你每日的例行事務。不必急於被發現或認可你是個卓越人士。如果在你開始實踐本書中所讀內容後的短期間內未能被擢升要職，請不要失望。

凡夫俗子做什麼事都要求相對的報酬，而卓越人士並不渴求掌聲與他人的認可。邁向卓越，本身就是最好的回報；小有成就，並感受到自己因為進步而發自內心的喜悅，堪稱人生一大樂事。

如果你從自家起步，如前一章所述，然後對你的鄰居、朋友和職場上遇到的人以同等態度相待，你很快就會發現人們開始信賴你。人們尋求你的建議，越來越多的人向你尋求力量和靈感，並信賴你的判斷。

在這裡，就像在家裡一樣，盡可能不去干涉別人的事情。為所有前來求助你的人伸出援手，但盡量不去糾正別人的錯誤。

少管閒事，糾正人們的道德、習慣或做法並不是你人生使命的範疇。過你的非凡人生，以強大的精神、高明的手法處理一切事務；有人向你提出請求，你就依照

接收到的請託自行決定如何給予，但別把你的援助或見解強加給他人。你的鄰居想抽煙或喝酒，那是他的事，他若沒來徵詢你的意見，那就事不關己。

過你的非凡人生並不對人說教，你所拯救的靈魂比過著狹隘的生活卻說教個不休的人要多千倍。

藉由你日常的談話與實踐，人們會發現你所抱持的正確世界觀，並留下深刻的印象。

別試圖讓別人接受你的觀點，你只要堅持自己的觀點並據此生活。你對人生的投入無可挑剔，這並不需要昭告世人。人們很快就會發現，你所遵循的法則比一般人還高。你對造物者全然認同，這個事實不言而喻，不需要向別人說明。

成為卓越人士，別無他法，就是好好活著。不要以為你必須像唐吉訶德那樣衝鋒陷陣，推倒風車，顛覆尋常事物，才能證明你並非凡人。

不要刻意找大事來做。於你所在之處過上美好生活，在你必須完成的日常工作中，一定會出現更重大的任務，等你來完成。

如果一個人的價值讓你印象深刻，即使他是乞丐或流浪漢，你也會以最尊貴的態度對待他。

一切都是造物者的成就，祂締造了完美男女，你也要抱持自己與其協力的態度。

別把所有的心思都放在窮人身上，百萬富翁和流浪漢一樣優秀。這個世界雖然堪稱完善，我們在處理人與事時，一定要認知到沒有什麼人或事是完美無瑕的。

　　你要謹慎塑造自己的心理願景。讓念想形式成為你想要的樣子，懷抱這個正在實現的信念，並帶著澈底實現它的目的來堅持這一點。做每件尋常事務，像造物者所做那樣；說每句話都如造物者所言；與人們相處不計較其地位高低，就像造物者與世間萬物相處一般。如此開展而一路推進，你的力量與本能的展現將會是巨大而迅捷的。

第 16 章 · 遠離無謂的憂心焦慮

除了你自己之外，沒有任何人可以阻止你前進的步伐，唯有採取背離造物者旨意的心態，你才能檢核它可能在哪裡會出錯。顧好你自己，其它事情你不必過度焦慮，只要保持一貫的正確態度，不太會出現問題，不必杞人憂天。

人們受到不當的宗教導師影響，把這個世界看作是一艘失事的船，被風暴衝撞到岩石海岸，到最後，澈底毀滅是不可避免的，能做的最多就是挽救一些船員。此類觀點告訴人們，這個世界本質不好，而且還會越變越糟，認定當前的不穩定與不和諧會一直持續甚至加劇，直到最後。這樣一來，剝奪了對於社會、政府和群眾的期待，使人視野變得黯淡，心靈變得狹隘。

這樣並不恰當。世界並沒有被破壞，它就像一艘宏偉的輪船，發動機就位，機器運轉良好。煤倉裡裝滿了煤炭，船上也為巡航提供了充足的補給；不乏好東西。先進造船工藝所設計的每項措施都是為了船員的安全、舒適和幸福；這艘輪船在大海上逆風而行，還沒有人弄懂正確的航向。我們正在學習掌舵，到了適當時刻，我們就會隆重地駛入完美和諧的港灣。

世界是美好的，並且正在變得更加美好。眼前的混亂與不和諧，不過是由於我們自己的不當操控而導致的船舶顛簸，到了適當時機，一切問題都能解決。想到這裡，我們的視野豁然明朗，心胸開闊，我們藉此能夠更多加思考社會和我們本身，並以高明手法處世。

此外，我們知道這世界，以及世界的各個小角落，包括我們自身的事務，都不讓人擔心。

如果凡事都朝著完成的方向前進，那就不會出錯；由於我們個人的事務屬於大整體的局部，因此也不讓人擔心。你和你所關心的一切，都正朝著完善推進。

心態正確，任何麻煩事或大災小難都不會找上你，因為你已隸屬在不斷成長與前進的隊伍中，你必定隨之成長與前進著。

此外，你的念想形式主要是依據你的宇宙觀所塑造的。如果你把世界視為一個失落和毀滅的東西，你就會把自己視為它的一部分，並承擔它的罪惡和弱點。

如果你對整個世界毫無期待，那麼你對自己也難有指望。如果你認為世界正走向終結，你就不會發現自己在進步中。

除非你對造物者的所有顯化有良好認知，你無法確實對自己有良好認知；你對自己若沒有良好認知，你就絕對無法邁向卓越。

我再說一遍，**你在生活中的地位，包括你的物質環境，是由你習慣性的念想形式決定的**。當你塑造了自己的念想形式時，你勢必會在腦中形成一個相應的環境。如果你認為自己是個無能、低效的人，你就會認為自己的環境低劣、卑賤。你若無法對自己做出正面評價，你肯定會認為自己很可能正處於貧困不濟、後天失調的環境中。這些慣性思維會以不可見的形式，存在於周遭的心智中，始終與你形影相隨。

　　在適當的時候，通過永恆的創造性能量的規律作用，不可見的念想形式會以實體物質生成，而你將被自己念想打造出來的產物所環繞。

　　你應當將天性本能視為偉大且生機勃勃、不斷進步的存在，並以完全相同的方式看待人類社會，這些都來自同一個源頭，一切安好。你與造物者皆由相同物質生成，所有造物者的成分組成了你；造物者所擁有的一切力量，都是人的組成部分。

　　當你見證到造物者所做之事，你就能向前推進。你的內在，擁有一切力量的泉源。

第 17 章 · 關於念想，再進一步探討

在此我們對念想做進一步探討。除非你自己的念想讓你邁向卓越，否則你永遠無法邁向卓越，因此，首要之務就是你必須動腦思考。

你必須先在自己的內在世界思考偉大事物，才能夠在外在世界處理重大事務；針對事實思索真相，你才能夠考量重大事務。

考量重大事務，你必須開誠布公，因此，必須確保你的意圖是正當的。不真誠或不正當的念想，從來都稱不上高尚，無論它有多麼聰明、多麼合乎邏輯。

第一步，也是最重要的一步，是探求人際關係裡的真相，知道你在他人面前應該如何展現，以及他們面對你時應該扮演的角色，你將為此而尋求正確觀點。你應該對有機物質及社會文明的進化多加研究。

閱讀達爾文和沃特·湯瑪斯·米爾斯（Walter Thomas Mills, 1856-1942）的作品，閱讀的同時別忘了要思考；仔細思考每個議題，直到你學會以正確的方式看待這世上的人事物。思考造物者在做什麼，直到你看懂他所做之事。

你的下一步，是思索自己應該抱持的正確心態。你

的觀點會告訴你正確的心態是什麼，而遵從自己的心靈則會讓你融入正確的心態中。

唯有將自己完全奉獻給最高智能體，你才能進行開誠布公的思索。一旦你知道自己的出發點是自私，或是你的意圖與作為有任何方式的不誠實或歪曲，你的想法就會有偏差，這樣的念想不堪一擊。

思索你做事的方式，思索你所有的企圖、用意與作為，直到你確知一切都是正當的。

沒有深入而持續的思考，任何人都無法理解自己與造物者完全合一的事實。任何人都可以從表面上接受這個命題，感受且深刻理解則是另一回事。跳脫自己身外去見到造物者似乎不難，然而返回自己內在來觀照造物者，想想倒不容易。但造物者就在那裡，在你靈魂深處的最神聖所在，你可以與祂面對面相見。

這是何等不得了的事，事實上，你所需的一切已在你之內，你不必費心思索如何獲得力量，以完成你想做的事或讓自己變成你希望成為的人。你只需要考慮如何以對的方式運用你所擁有的力量，而最佳方案就是立刻付諸行動。善用你對眼前真相的感知，全力以赴，你每天都能見證更多真相。

為了擺脫舊的錯誤觀念，你必須深入思考人的價值——人類靈魂的偉大和價值。你必須停止關注人為的

錯誤，而要關注成功；停止看到過失而看到美德。你不應認定那些迷失與崩壞的世間男女非下地獄不可，你必須看待他們也有足以升入天堂的閃亮靈魂。要做到這一點，需要運用意志力，這是意志力的適當運用——決定你該思索何事以及如何思考。

意志的功能，是引導念想。想想人們好的一面，可愛、有吸引力的部分，除此之外的任何其他事情，發揮你的意志力拒絕去想。

據我所知，在這一點上沒有人比尤金·V·德布斯（Eugene V. Debs, 1855-1926）做得更好，他是兩次美國總統的社會黨候選人。德布斯先生崇尚人性，前去向他求助的人從來沒有人空手而回的，沒有人從他那裡聽到任何不友善或挑剔的話語。見過他的人都能意識到，他對人深切而友善的關懷。每個人，無論是百萬富翁、髒兮兮的工人，還是勞累的女人，都會感受到坦誠而踏實的，兄弟般情誼光芒四射的暖心風範。

即使是個衣衫襤褸的孩子在街上向他搭話，都能得到即刻且暖心的回應。德布斯與人以愛相待，這使他成為一場偉大運動的領軍人物，成為百萬人心中愛戴的英雄，為他立下不朽的名號。對人以愛相待是件了不起的事情，而且這只有通過念想才能實現。

除了念想之外，沒有什麼能讓你邁向卓越。

「我們可以將思想家分為那些為自己思考的人和那些通過他人思考的人。後者是常規，前者是例外。前者是雙重意義的原創思想家，利己主義一詞的最高尚境界。」——叔本華

「人的關鍵，在於思想。一個人儘管看起來頑強而目中無人，但總會存在一個他所服從的內心之舵，這是他將一切事實歸納整理後得出的想法。只有為他展示能夠提供指引的新想法，他才得以重塑。」——愛默生

「所有真正明智的念想都已經被思考了數千次；但為了確實採納念想，我們必須坦誠地重新思考，直到念想在我們的個人顯化中紮根。」——歌德

「人的一切外在，不過是內心思想的表達和完成。為了有效地工作，必須清晰地思考；為了高尚的行為，必須有高尚的思維。」——錢寧

「偉大的人，是認知到靈性比任何物質能量都還強大的人。統治這個世界的，是念想。」——愛默生

「有些人一生都在學習，然而一直到死前都不懂得如何思考。」——多默爾格

「習慣性的念想，融入了我們的生活，它對我們的影響甚至超過我們親密的社會關係。親密友人對於我們生活的影響程度，遠不及我們所懷有的念想那樣發揮的巨大作用。」——J·W·提爾

思考！思考！再思考！

第 18 章 · 關於卓越的迷思

> 一般人眼中的卓越人士，不是服務他人者，而是成功地為自己服務的人。他自己處於指揮人的位置，對人們行使權力，使人們服從他的意志。

對於大多數人來說，以威權統治他人是件了不起的事，尤其對自私自大者來說，沒有什麼比這個更誘人的了。我們終究會發現，每個自私和能力不足者都試圖支配別人，控制別人。

野蠻人一從地表冒出頭就開始互相奴役。多年來，戰爭、外交、政治和政府組織的對抗都是為了確保對他人的控制。帝國統治者用血和淚水浸透了大地的土壤，努力擴張領土與權力來統治更多的人民。

就統治原則而言，當今商界的對抗與一個世紀前（譯者按：19 世紀）歐洲戰場上的對抗是一樣的。律師兼演說家羅伯特 · G · 英格索爾（Robert G. Ingersoll, 1833-1899）無法理解為什麼像洛克菲勒和卡內基這樣的人，已經擁有遠超出他們可能用得到的財富還要尋求更多的金錢，讓自己成為商業對抗的奴隸。他認為這是一種瘋狂行為，並舉例說明如下：「假設一個人有五萬條褲子，七萬五千件背心，十萬件外套，十五萬條領

帶，你會怎麼看他？他每天早上天還沒亮就起床，無論刮風下雨，每天工作到天黑，難道只是為了衣櫃裡再多一條領帶？」

這當然並不是個好譬喻。擁有領帶的多寡，不能賦予一個人凌駕於其他人之上的權力，而擁有金錢則可以。洛克菲勒、卡內基之流追求的不是金錢，而是權力，這是爭奪高位的競逐，能夠造就出能力強大的人、狡猾的人、足智多謀的人，但是造就不出卓越人士。

我們隨便找幾個美國人來問問，誰是最偉大的美國人，得到的答案通常都會是亞伯拉罕·林肯，這難道不是因為林肯比其他在公共領域為我們服務的人，更能體現服務精神嗎？

出於服務精神，而非奴性。林肯是一個偉大的人，因為他知道如何成為一個偉大的僕人。拿破崙，能幹、冷酷、自私、追求高位，是一個才華橫溢的人。林肯是偉大的，而拿破崙不是，我們要懂得辨別兩者的差異。

當你開始進步並被認為是個以高明的手法做事的人的那一刻，你就會發現自己如履薄冰。

居高臨下、提供建議或親自指導他人事務的誘惑，簡直難以抗拒，即使如此，還是要避免陷入奴性或完全拋棄自己為他人服務的困境。

做到這一點，一直是很多人的理想。完全自我犧牲

的生活被認為是像基督的生活，依我所見，這是對耶穌的品格和教義的嚴重誤解。

然而，不是每個人都有對困境或痛苦的呼喊做出回應的非凡本能，擅長此事的人少之又少。**當你開始有突出表現時，需要幫助的人就會前來找你，不要將他們拒之於門外，同時也別犯一個致命錯誤──誤以為極度自我克制的人生，是邁向卓越之道。**

第 19 章 · 造物者的進化工程

     社會上各種脫序行為以及對弱者的不公正對待，激發了正義熱血的人們根本壓抑不了的，撥亂反正的企圖心。我們想發起一場持久對抗，我們認為，除非全身心投入這項任務，否則錯誤永遠不能被導正。

     如果我們像許多人一樣，被貧窮、無知、痛苦和各種痛苦所包圍，我們該如何避免投身於無私的工作呢？

     身處貧困境地的人們，生活壓力自四面八方而來，總是渴求他人的救助，如果生活周遭充滿了這樣的人，會發現自己老是陷入不斷伸出援手的情境。

     面對諸如此類的情況，我們必須回到一個觀點。我們總要提醒自己，這世界並不壞，美好世界就在眼前。

     毫無疑問，曾經有一段時間，地球上沒有生命。地質學證明地球曾經是一個由燃燒的氣體和熔岩組成的球體，周圍覆蓋著沸騰的蒸氣，這一事實是無可爭議的。

     這簡直不可思議，我們不知道生命在這種條件下如何能存活。地質學告訴我們，後來地殼形成，地球冷卻並變硬，蒸氣凝結成霧或變成雨滴落下。冷卻後的表面碎裂成泥土；濕氣不斷積累，凝聚成了池塘和海洋，最

後在水中或陸地上的某個地方出現了有生命的東西。

可以合理地假設，第一個生命是在單細胞生物體中，而在這些細胞的背後是強烈驅策的精神，即偉大的生命尋求顯化。很快，生物體的生命力過度飽滿，單一細胞已不足以展現自我，第二個細胞很快就誕生了，然後是更多的細胞，被灌注了更飽滿的生命力。接著，多細胞生物體形成了；植物、樹木、脊椎動物和哺乳動物，其中許多形狀奇特，各不相同，因為一切都是造物者創造的。毫無疑問，動物和植物都存在著初始的、近乎怪物般的生命形式。一切都生逢其時，一切都很好。然後又一天到來了，進化過程的偉大日子，晨星一起歌唱，造物者的神作歡呼雀躍地看到終結之後的全新開展（譯者按：《舊約聖經》約伯記 38:4-7），因為人類，這個從一開始就已設定好的物種已經登場。

一種類猿生物，外表與周圍的野獸沒什麼不同，但成長和思考的能力卻截然不同。藝術與美，建築與歌曲，詩歌與音樂，所有這些都是那個猿人靈魂中未展現的可能性。以他的時期和物種而言，他夠優秀了。

從第一個人出現的那天起，造物者就開始在人類身上作功，將越來越多的造物者素質投入到每一代人的身上，敦促他們取得更大的成就，建構更好的社會、政府與家庭。

那些回顧古代歷史的人看到當時存在的可怕狀況、

野蠻行為、偶像崇拜和苦難，會覺得造物者對人類是殘酷和不公正的，在此應該停下來再三思考。

從猿人到演化而成的最近一代，人類必定崛起，而這只能通過人類大腦中潛在的各種力量和可能性的不斷展開來實現。

造物者有展現神蹟的想望，以某種形體活著，非但如此，而且還希望藉由這種形體的存在，可以在最高的道德和精神層面上展現神蹟。

造物者就是要進化出一種形體，讓此形體如同造物者一般存在，並如同造物者一般顯化自己。這就是進化力量的目標。

隨著時間的推進，戰爭、流血、苦難、不公正和殘酷年代的創痛，在許多方面都被愛和正義所撫平，使得人的大腦發展到能充分表達造物者的愛和正義的程度。

造物者的神蹟持續進行中。不像水果商人總會把大顆的草莓擺在水果盒的最上層，造物者的目的不是為了讓少數精挑細選的樣本變得完美，而是為了榮耀人類。

造物者的國度在地球上建立的時刻即將到來。帕特摩島（Patmos，譯者按：新約聖經《啟示錄》中，居住在此島的約翰見證了異象，此島遂成為基督徒的朝聖之地）的夢想者所預見的那一天，將不再有哭泣，也不再有痛苦，因為以前的事都過去了，那裡不再有夜晚。

第 20 章 · 身為人的天責

在本章，我們要來好好探討「責任」。這個議題讓很多認真坦誠的人感到困惑迷茫，對他們而言，何謂責任，並不是一個容易解答的問題。

當人們開始為自己創造事物並致力於邁向卓越，會發現自己的許多關係必須重新安排。有些朋友可能會被疏遠，有些親戚會產生誤解，覺得多多少少受到了輕視。

真正的卓越人士，常常被與他有關聯的人感到過於自私，認為他應該多提供一些好處給他們。問題是：先不論其它，充分發揮自己的作用是我的責任嗎？還是我應該等到不至於造成任何摩擦或對任何人造成損失的情況下才去做？這是對於自己的責任，與對於他人的責任，兩者之間的問題。

一個人對世界的責任已在前面做過深刻探討，現在來探討對造物者的責任這一概念。很多人對於自己應該為造物者做什麼有很大的不確定性，更不用說焦慮了。

我提議稍加思索一番什麼是事奉造物者，以及一個人如何盡己所能事奉造物者，我要強調的是，關於事奉造物者的傳統觀念必須重新檢討。

當摩西來到埃及將希伯來人從奴役中解救出來時，他以天神的名義對法老的要求是：「讓百姓走，他們可以事奉我。」他帶領他們進入曠野，在那裡建立了一種新的敬拜形式，這使許多人認為敬拜構成了對造物者的事奉，儘管後來造物者明確宣稱他不在乎儀式、燔祭或祭物，並且如果正確理解耶穌的教導，就會完全廢除有組織的聖殿崇拜。人們以雙手、身體或聲音為造物者做事已經夠了，聖保羅指出，人無法為造物者做什麼，因為造物者什麼都不需要。

我們所採取的進化論，表明造物者樂見人們為祂做見證。歷代以來，造物者的精神一直在催促人類走向高處，祂總是在尋求顯化。

每一代人都比上一代人更像造物者。每一代人都比上一代人對美好的家庭、宜人的環境、愉快的工作、休息、旅行和學習機會有更多的要求。

我聽一些目光短淺的經濟學家說，當前的勞動者們應該感到滿足，因為他們的條件較之兩百年前的工人要好得多，當時的工人與他的豬在沒有窗戶的小屋裡，睡在鋪著燈心草的地板上。如果這個人擁有他所能利用的一切來過他所知道的生活，他就非常滿足，他還沒完全運用到，就不會滿足。

當今的人們有舒適的家和很多在過去一段時間內不為人知的東西，如果他擁有一切可以用來過自己理想生

活的東西，他就會滿足，然而他並不滿足。

　　造物者已經把人類提升到了這樣的程度，以至於任何一個普通人都可以想像出比他在現有條件下能夠生活的更好、更理想的生活。只要這是真的，只要一個人能夠思考並清楚地向自己描繪一種更理想的生活，他就會對自己必須過的生活感到不滿，這是正確的。這種不滿是造物者的心智催促人們走向更理想的境地，是造物者在這樣的競逐中尋求顯化。

　　你能為造物者提供的唯一服務，就是顯化他試圖通過你給予世界的東西。你能為造物者做的唯一服務，就是充分發揮你自己，將造物者在身上的作功顯化到最大。

　　在本書【追求財富篇】第 6 章，我提到彈鋼琴的小男孩，他無法藉由未經訓練的雙手表達音樂。這是個很好的例證，說明造物者的聖靈如何在我們所有人之上、附近、周圍和內在，尋求與我們一起做偉大的事情，只要我們運用手腳、思想、大腦及肉身來為他服務。

　　你對造物者、對你自己、對世界的首要責任，是盡你所能，為自己在各個方面養成偉大的人格。依我所見，這就是「責任」一詞的最佳定義。

　　在結束本章之前，還有一兩件事需要闡釋。我在前一章中寫過機會。我籠統地說，每個人都有能力邁向卓

越，就像我在【追求財富篇】中宣稱每個人都有能力變得富有一樣，不過這些籠統的概括需要加以限定。

有些人有相當唯物主義的思想，他們完全無法理解本書闡釋的哲學。有很多人始終埋頭為生活和工作忙碌著，直到在既有的人生路徑上遇到瓶頸，卻無力思索解方，他們接收不到有利的訊息。我們可以為他們做的事情是，在他們面前示範如何生活，這是喚醒他們的唯一方法。

與其教導，世人更需要示範。對於這群人來說，我們的責任是盡可能地邁向卓越，以便他們能夠看到並且心嚮往之。為了他們而邁向卓越是我們的責任，這樣我們就可以幫助世界做好準備，讓下一代擁有更好的條件來善用念想。

此外，經常有人寫信給我，他們希望自己有所作為並走向世界，但受到家庭關係的阻礙，其他人或多或少地依賴著他們，所以擔心如果自己單飛開創新局，其他人將會受苦。我建議這樣的人勇敢獨立生活，充分發揮自己所能。家人的生活或許會因此不太能適應，但那只是短期而表象的，因為在接下來的發展，只要你遵循聖靈的導引，較之過去，你將更能夠好好地照顧家人。

第 21 章 · 鍛鍊你的心智

> 心智鍛鍊之目的一定不能被誤解。咒語或連珠
> 砲似的碎念沒有任何美德可言，重複祈禱、念咒，
> 並不是壯大自我的捷徑巧門。

　　心智鍛鍊是一種真槍實彈的操練，不會只是在嘴上
念念有詞，而是針對特定念想的認真思考。

　　正如歌德所說，我們反覆聽到的短語會成為信念；
我們反覆思考的念想會成為慣性思維，並造就我們現在
的樣子。進行心智鍛鍊的目的是讓你反覆思考某些念
想，直到形成思考的慣性思維，如此一來它們就會錨定
成你的長久念想。以正確的方式進行並理解其用意，心
智鍛鍊就有很大的價值。然而大多數人對心智鍛鍊的認
知遠不及此，這樣有鍛鍊還不如不鍛鍊。

　　以下練習中所體現的念想，就是你想要思考的。你
每天要操練一到兩次，必須針對你的念想連續不停地思
考。也就是說，不只是每天在規定時間思考一、兩次，
其它時候則拋諸腦後，直到再次進行鍛鍊才又再思考。

　　這個練習，是為了將你持續的念想留下深刻銘印。

　　花二十分鐘到半小時不受打擾的時間，先讓自己感
到身體舒適。輕鬆地躺在沙發或床上，最好能夠平躺。

如果時間不夠充裕，可以在晚上睡覺前和早上起床前進行鍛鍊。

首先，讓你的注意力從頭頂移動到腳底，放鬆每一塊肌肉。

徹底放鬆。接下來，忘掉身體和其他疾病，讓注意力沿著脊髓向下傳遞到神經，到達四肢，當你這樣做時，你會這樣想：「我全身的神經都處於完美的狀態。它們服從我的意志，而且我有很強的神經力量。」接下來，將你的注意力集中到肺部，想著：「我正在安靜地深呼吸，空氣進入我肺部的每個細胞，這些細胞都處於完美狀態。我的血液變得澄明且純淨。」

接下來是心臟：「我的心臟跳動有力而穩定，我的循環系統很完美，四肢運作順暢。」接下來是消化系統：「我的腸和胃完美地發揮其作用。我的食物被消化和吸收，我的身體得到重建和滋養。我的肝臟、腎臟和膀胱各自發揮著應有的功能，沒有疼痛或緊張，我安好無恙。我的身體在休息，思緒沉靜，心靈平和。」

「我不擔心經濟或其他問題。造物者在我內心，也存在於我想要的一切事物中，將它們推向我；我想要的一切都已經給了我。我不擔心我的健康，因為我很好，沒有任何擔憂或恐懼。」

「我超越了所有的邪惡誘惑。我拋棄了所有貪婪、自私和狹隘的個人野心；我不對任何人懷有惡意、敵意

或嫉妒心。我不會採取任何與我的崇高理想抵觸的行動方針。我是對的，我會做對的事。」

◈ **觀點**

世界一切都好。它是完美的，並且正在接近完整。我只會從這個高度的視角來思考社會、政界和產業等生活的相關議題。

我將以同樣的方式看待所有人，我所有的親人、朋友、鄰居和我自己的團隊成員，一切安好，大家都很讚。

除了我自己的個人態度之外，沒有什麼可能出錯，所以我謹言慎行。我完全信賴造物者。

◈ **奉獻**

我會服從我的靈魂，忠於我內心最高的事物。我會在一切事物中尋找純粹的正確觀念，當我找到它時，我會在我的外在生活中表達它。我會放棄一切我已經無法成長的東西，盡我所能。我將對我所有的關係抱有最高的念想，我的方式和行為應表達這些念想。

我將身體交給念想來統御，我把念想交給心靈來主導，我讓心靈遵循造物者的指引。

◈ 鑑別

　　有個源頭，祂是唯一存在體，我亦由祂構成，與祂協同一致。祂是在天之父，我自祂出發，持續往前推進。我與天父協同一致，天父遠大於我，我遵循祂的旨意。

　　我讓自己臣服於與純真心靈一致的存在體，祂是唯一，而此唯一無處不在。我與此永恆意識協同一致。

◈ 理想化

　　以想像力所能描繪的最高視角觀照，在你的腦海中形塑出你想要成為的樣子。對此思考一段時間，並持有這樣的念想：「這就是我的真實面目，是我自己完美的、正在趨近完成的內心圖像。我從這個高度的視角思考社會、政治和產業等生活的相關議題。」看哪，這一切都很好。我會以同樣的方式看待所有人，我所有的親人、朋友、鄰居以及自己的團隊成員，他們都很好。

　　除了我自己的個人態度之外，沒有什麼可能出錯，所以我謹言慎行。我完全信賴造物者。

◈ 實現

　　我賦予自己力量，讓自己成為我想成為的人，做我

想做的事。我鍛鍊創造力，所有的力量都是我的，我將帶著力量和完全的信念起身前行，我要憑藉造物者的力量，行大能的事。

我信賴造物者而無所畏懼，因為祂與我同在。

第 22 章 · 本篇重點整理

　　所有人都是由唯一心智體所構成，因此擁有的基本力量和可能性都相同。卓越，同樣是所有人固有的，而且每個人都能展現出自己的卓越。每個人都能邁向卓越，要知道，人擁有與造物者一致的組成部分。

　　我們可以運用心靈固有的創造力來克服遺傳和環境。如果要邁向卓越，心靈就必須行動，並且必須能夠統合自己的念想和身體。

　　人的知識是有限的，因無知而犯錯誤；為了避免這種情況，他必須將自己的心靈跟大宇宙心智聯繫起來。大宇宙心智是萬物起源的智慧物質，它存在於萬物之中並貫穿萬物。一切事物都為此大宇宙心智所知，人將自己與祂協同一致，得以進入一切智識的領域。

　　想要做到這一點的人，必須從自己身上除去一切會與造物者隔絕的東西。他須同意過著神聖的生活，而且必須超越一切道德上的誘惑，還必須拋棄一切不符合自己最高理想的行動方針。

　　他必須具備正確觀點，認知到造物者涵蓋一切，貫穿一切，一切安好無恙。他會認定大自然、社會、政府

和產業界在現階段都很完善，並且正在向完美推進；世上所有人都是善良和完美的。他必須知道世界一切正常，並與造物者聯合以成就美好任務。只有當人將造物者視為一切事物中偉大的先進存在，並將造物者視為一切事物的良善時，才能達到真正卓越。

他必須將自己奉獻給內心最高的事物，服從心靈的聲音。每個人內心都有一道內在的光，不斷地驅策他走向最高的境界，如果他想邁向卓越，就必須受到這道光的指引。

他必須認知到他與造物者合一的事實，並有意識地為自己和所有其他人確認這個合一。他必須知道自己與造物者協同一致，並據此行事。他必須以絕對的信心看待真理，並開始在家中根據這些看法採取行動。當他在小事上看到真實正確的道路時，他就必須走這條道路。他必須停止不假思索地行動而開始思考，必須抱持真誠的念想。

他必須為自己形成最高的心理概念，並保持這種想法，直到它成為自己的習慣性思維形式。他必須持續關注這個念想形式，在行動中覺知並顯化此念想形式。他必須以出色的方式做他所做的每一件事，在對待家人、鄰居、熟人和朋友時，必須在一舉一動中體現出自己的理想。一個人如果能達到正確的觀點並全然奉獻，將自

己完全理想化而邁向卓越，並把每個行為，無論多麼微不足道，都為了理想而顯化，那麼他就已經達到卓越了。他所做的一切都會以一種高明的手法完成，他將使自己廣為人知，並被視為有權力的人物。他將通過靈感獲得知識，並得知必需知道的一切。他會得到他心中所形成的一切物質財富，並且不缺少任何美好的東西。他將被賦予能力來處理任何可能的情境組合，他的成長和進步將是持續且迅速的。偉大的事業會來到他面前，所有人都很樂意向他致上敬意。

凌駕於金錢之上的財富

—人活著所追求的,就是生命更加豐盛。

—人學會思索健康而保有健康的形體,並在一切運作中
展現極致健康。

—健康法則會指引人的飢餓感和口味去找到滿足其需求
的恰當食物。

—任何東西不要僅僅因為味道好就吃它。當你感覺到飢
餓感降低時,就停止進食。

第 1 章 · 淺談健康法則

　　有關健康之道的個人體驗，就像在【追求財富篇】所提的一樣，在起頭就必須先理解基礎原理，並且在釐清迷惑之後接受它。

　　——所謂健康，是機體功能完美地自然發揮，功能完美地自然發揮是生命法則本能運作的結果。

　　——宇宙中存在一個生命法則，它是創生萬物的唯一存在體。此存在體滲透、貫穿且充塞了宇宙空間，它存在於萬物並穿透萬物，就像一種非常精緻且可擴散的以太（ether）。一切生命皆源於此存在體，眾生皆然。

　　——人類是此存在體的形式之一，而在人類身上有個健康法則。在進行充分的建設性活動時，健康法則會使生命中所有的自主功能得以完美執行。這是人體的健康法則，無論採用什麼系統，它都能真正發揮所有自癒或補救的功能。藉由特定的認知，健康法則能導入建設性的活動中。

　　我接著說明最後這一段陳述。我們都知道，治療是通過療癒技藝的各個支派所使用，手法迥異的、甚至背道而馳的方法來施行。

在醫學上，對抗療法使用大劑量的解毒劑來治癒患者，而順勢療法醫生則使用與疾病最相似的小劑量藥劑，此二者都能治病。理論來說，如果對抗療法曾經治癒過任何特定的疾病，那麼順勢療法應該就無法治癒該疾病。如果順勢療法能夠治癒某種疾病，那麼對抗療法就不可能治癒這種疾病。這兩個系統在理論和實踐上截然不同，二者視情況運用，可以治療大多數疾病。

即使在醫學院，老師們傳授的醫療方法也不盡相同。帶著一個消化不良的病例去就教幾位醫生，比較他們的處方，很可能某個處方裡的各種成分都不存在於其它處方中。我們應該可以得出這樣的結論：病人是通過自身的健康法則，而不是不同治療過程裡的某個東西來治癒的。

不僅如此，我們還發現同樣的疾病，可以由整骨師運用調整脊椎的手法來治癒，由信仰療癒師的禱告來治癒，由食品營養師提出的營養補給品來治癒，由心理諮商師通過心理諮商來治癒。

綜觀上述各種醫療方案，除了存在一個不因人而異的、真正能治癒所有疾病的健康法則之外，我們應該能得出一個結論──各種醫療方案中都有某個可稱為「健康法則」的東西。在有利的條件下，哪個因素會激發健康法則運作？也就是說，只要藥物、治療、禱告、飲食或心理諮商能夠啟動健康法則，就能治癒疾病；而當它

們不能啟動健康法則時，就無法治癒疾病。

這一切是否表明了治療結果取決於患者對治療的看法，而不是取決於處方中的成分？

有個老故事對這一點提供了很好的說明，我在此分享。據說在中世紀，有位聖人的骨頭被保存在一座修道院裡，它具有療癒的神蹟。在特定的日子，一大群受苦的人會聚集在此地觸摸聖物，所有這麼做的人都能被治癒。

在某個療癒之日的前夕，一群褻瀆神靈的惡棍潛入存放聖物的房間偷走了寶盒裡的聖人之骨。到了早上，一群受苦者依慣例在門口等候，結果神父們發現自家創造神蹟力量的泉源不翼而飛了。

他們決定先將此事保密，打算設法找到小偷並奪回寶物。神父們趕到修道院的地窖，挖出多年前埋葬在那裡的，一名男性殺人者的屍骨。他們把幾塊屍骨帶回教堂的房間並放入寶盒，接著為聖人的神蹟萬一未能履行編一些合理藉口。然後，他們讓等候著的病人和體弱者進來。

令那些參與祕密行動的人感到非常驚訝的是，調包的男性骨頭被證明與聖人的骨頭一樣有效，而且療癒行為也能照舊順利進行。依據其中一位神父留下的有關此事件的紀實，他在內容承認，根據其研判，療癒的力量一直存在於人們自身體內，根本不存在於聖人骨頭中。

無論這個故事是否屬實，結論都適用於各種方案所進行的治療。療癒的力量就在病人自己身上，它是否會變活躍不取決於所使用的身體或精神手段，而是取決於病人對這些手段的思考方式。

　　有個普遍的生命法則，正如耶穌所教導的一種偉大的精神治癒力量，每個人都有一個與這種治癒力量相關聯的健康法則，而根據個人的思維方式，它或許正在休眠中，或許正在作功，人們總能通過以某種思考方式來加速它的運作。

　　病情的好轉不取決於仰賴某個醫療體制，或找到某種救治措施，患有相同疾病的人可以被不同的體制、不同的療法治癒。氣候影響不大；在各種氣候下，有些人健康，有些人生病。撇開在有毒條件下工作不論，職業也影響不大，各行各業都有人活得好好的。

　　病情的好轉，取決於患病的人開始以某種方式思考與行動。

　　一個人思考事物的方式，取決於他對事物的念想。他的念想是由他的信念決定的，而結果則取決於他個人對於信念的運用。

　　如果一個人對某藥物的功效有信心，並且能夠將這種信心運用到自己身上，那這個藥物一定能讓他痊癒。儘管他是個很有自信的人，他如果不將信心運用到自己

身上，病情很難好轉。許多病人對別人有信心，但對自己沒信心，如果病人對治療方案有信心，並且能夠親自運用這種信念，他就會痊癒。如果他對禱告和神的應許有信心並堅定信仰，禱告和應許就會治癒他。

　　憑藉信念落實適合自己的方案，這個方案就能發揮療效。無論信念多麼偉大，念想多麼執著，如果不親自實踐，它就無法治癒。由此可見，健康之道包括了念想和行動兩個領域。

　　要想獲得健康，僅僅藉由某個特定方式思考是不夠的。我們必須把念想運用到自己身上，並且應該按照自己所想的方式行事，然後在生活中顯化。

第2章 · 極致健康的基礎信念

　　一個人想以特定方式思考，使自己的病情得到
療癒，就必須相信在此提到的真理：萬物皆由唯一
存在體構成，在初始狀態下，祂沉浸、滲透且充塞
整個宇宙。所有可見的事物都由祂形塑而成，此存
在體在最初的無形狀態下，創造了各種可見形體。
此存在體貫穿一切生命，所有生命皆有其智識。

　　存在體通過形式的念想來創造萬物。存在體對於形
體的念想創生形體，對於行為的念想引發對應的行為。
此存在體藉由自身的運作及地位調整來創造各種形體。

　　當初始存在體打算創造某個給定形體時，它會思索
產生該形體的相關動作。祂想要開創一個世界時，會思
索出一連串運作，也許延伸到各個年代，這導致祂進入
該世界的姿態與形體，一連串運作便應運而生。

　　當存在體想創造一棵橡樹時，它會思及動作順序，
還會延伸到經年累月，這決定了橡樹的形體，塑形的動
作應運而生。

　　產生不同形體的特定運作順序，在初始就已確立，
而且恆常不變。存在體發起的特定運作，會持續生成特
定形體。

人體由初始存在體形成，是某些特定運作的產物，這些動作最初即因初始存在體的念想而存在。產生、更新和修復身體的動作可稱為運作，這些運作分為兩類：自主與非自主的。

　　生命的非自主運作由健康法則掌控，只要以某個特定方式思考，健康法則就會以極致健康的方式發揮作用。

　　生命的自主運作是吃、喝、呼吸和睡眠。這些，全部或局部，是在個人意識的指導下，以極致健康的方式進行。如果不以健康的方式執行這些運作，就無法長期保有健康。

　　所以我們看到，如果一個人藉由某個特定方式思考，以相應的方式吃、喝、呼吸、睡覺，他就能保持健康。生命中的非自主運作由健康法則直接掌控，只要以極致健康的方式思考，這些運作就會完美地發揮作用，因為健康法則的運作很大程度由個人的理性念想主導，這影響著潛意識。

　　人是一個思維中心，能夠產生念想，然而人並非無所不知，總會犯錯，思考有誤。既非無所不知，便可能誤信不實之事。一個人的念想中，若存在病態狀況與畸形作用的觀念，扭曲了健康法則的作為，便會導致身體出現病態狀況與畸形行為。

在初始存在體中，已含有完美動作、極致健康運作與完整人生的念想。造物者沒有考慮過疾病或不完美的可能性，然而漫長歲月以來，人們一直懷有關於疾病、異常、衰老和死亡的念想，這些念想所導致的病態機能已成為人類遺傳的一部分。世世代代以來，我們的祖先一直對人類的形態和運作懷有不完美的觀念，而我們生命的初始時就帶著對不完美和疾病的先天潛意識印象。

　　這並非天性，不在本能計畫的範疇。天性的主旨是為了追求生命的完美，我們從生命的本質即可洞察此事。生命的本質是持續朝著更完善的生活邁進，進步是生活裡一舉一動的必然結果。進步是積極生活的成果，任何生命都必定越活越豐盛。

　　穀倉裡的種子有生命力，但它不是活的，將之放入土壤中它就會活力充沛，並立即開始從周圍存在體中，將生命力聚集到自身，形成植物形態。如此一來就能催生更多種子，產生包含 30、60 甚至上百顆種子，每顆種子的壽命長度不亞於第一個種子。

　　生命，因為活著而得以繁衍。生命不活就不生，生命的原動力就是求生存。初始存在體回應著這種本能的悸動，為了創生而運作著。

　　造物者永生不滅，祂的存在就是為了創生萬物且使之繁衍。造物者持續推進其任務，不斷創造各式各樣的

形體。

宇宙是個偉大的先進存在體，天性的宗旨是推進
生命使其達到完美，走向完美運作。天性的宗旨，是
追求極致健康。

對於人類而言，天性的宗旨是向更豐盛的生命推
進，邁向完美的生命，這涉及個人與群眾的集體意識，
也可稱為人類念想。人應該在當下的活動領域內過最完
整的人生，毫無懸念，**人活著所追求的就是生命更加
豐盛**。

給小孩鉛筆和紙，他會動手畫出粗糙的圖畫，以藝
術的形式表達內心深處的東西。給他一組積木，他就會
試著搭建出東西來，他內心的念想會通過建築來表達。
讓他坐在鋼琴前，他會從琴鍵上發出和諧的樂聲，將內
心深處的想法用音樂的形式表達。

人的生命總是在追求更加豐盛，而人在健康時最有
生命力，所以天性法則即在追求健康。人的天性展現是
極致健康的展現，人的身軀及其一切天性都是為了趨於
健康。

初始存在體的念想中不存在疾病一事，因初始存在
體的天性不斷在趨向最充實和最完美的生活，直至健康
境界。

異常或畸形表現的病症、身體運作不全或者生活狀

態不完善，這些都不該出現在人所思索的念想中。人與無形存在體協同一致，原本就該擁有極致健康。

至高心智的造物者從未思及疾病一事。疾病不是由造物者創造或制定的，也不是從造物者發出的，它完全是個人獨立意識、個人念想的產物。

造物者，無形的存在體，見不到疾病，未思及疾病，對疾病一無所知，也不識得疾病。疾病只是人類憑藉念想來識別出來的，而造物者則全然在觀照著健康。

綜合前述，擺在眼前的事實與真相就是，健康是我們所有人初始存在體的預設條件，自古至今，人們有缺陷的念想導致身心運作的缺憾，即為疾病。如果一個人始終認定自己健康無瑕，那麼他就能處於極致健康的境界。

做個極致健康的人，是初始存在體的念想，人會出現健康缺憾，是他自己未思及極致健康、未以健康方式履行生命自主運作的結果。

健康之道的基本要義是本篇演繹的大綱：存在思考萬全的存在體，世間萬物皆由其構成，且以其初始狀態沉浸、滲透且充塞於全宇宙，祂是萬物的命脈。

初始存在體對於形體的念想創生形體，對於行為的念想引發對應的行為。

就人類而言，初始存在體的念想始終思索著如何完善運作且達到極致健康。人是一個思維中心，有獨立思考能力，其念想對己身運作有掌控力。思考不健全的念想，會導致不完善的運作與異變，而若以異常方式踐行生命的自主運作，很可能會導致疾病。

　　如果人一門心思都在想著極致健康的念想，他就能從內在促成極致健康的運行，一切生命之力都會調動起來協助他。

　　然而，除非以健康的方式由外而內自主履行生命機能，否則生命無法持續健康地運作。首先要做的是必須學會思索何為極致健康，再來，則是學習如何以極致健康的方式飲食作息。做到這兩個步驟，就能確保健康，而且持盈保泰。

第 3 章 · 有機生命體的運作法則

人體是能量的載體，能量在清除穢物及有害物質時會損耗，接著自行再生更新，同時在身體出現損傷時自行修復。我們將這樣的能量稱之為生命力，生命力不在人體內生成或製造，是人體依靠生命力而生長。

在庫房裡儲存多年的種子，一被種到土裡就能發芽，長出植物。蘊含在植物裡的生命，並不誕生於植物的成長過程，而是那生命促成了植物的成長。

機能的運作不能造就生命，是生命促成了機能得以運作。生命領頭，運作隨之。

有機物與無機物的區別在於生命，但生命並非有機體生成後才存在。生命力是催生有機體的法則與力量，生命力建構了有機體。法則與力量本已內建於初始存在體中，萬宗歸一。

人體健康法則即為萬物的生命法則，只要懂得以特定方式思考，就能成為積極且活力充沛的人。無論是誰，以特定方式思考，而且外在表現與心念一致，就必定能擁有極致健康。外在表現與心念一致是關鍵，一個

人如果飲食作息不健康，就無法指望藉由念想來求得健康。

人類的健康法則，是萬物皆適用的生命法則，它存在於初始存在體當中。萬物皆由此初始存在體構成，此存在體有其生命力，其生命力決定了全宇宙的生命法則。此存在體在思及各種有機生命的形體之後便將之產出，或在萌生行為的念想之後引動相關行為。

因為初始存在體知曉一切真理，所以祂只思及健康。唯一存在體存在於萬物之中，不僅通曉所有真理，還擁有一切力量，祂的生命力是一切能量的泉源。

唯一存在體不犯錯，祂完美地發揮作用。它無所不知，所知多到不致出錯，此無形存在體不會生病也不思及病痛。

人類是此初始存在體的形式之一，有自己個別的意識，但意識有極限，所以未臻完美。由於所知有限，人有可能而且確實會錯誤思考，導致自己身體運作錯亂而不完善。人類的知識量還沒有多到絕不出錯，有缺陷的念想或許不會立即致病或運作不完善，但有缺陷的念想若成為思維慣性，想不生病也難。

一個人長期抱持的任何念想，都會在他體內建立相應的狀態。此外，人類未能學會如何以健康的方式履行

其生活中的自主運作。他不太懂什麼時候吃、吃什麼、怎樣吃。他對呼吸知之甚少，對睡眠知之甚少。因為他未能依循生命知識最可靠的指南，以錯誤的方式、在錯誤的條件下操作相關事宜。多數人總試圖依自己的邏輯過活而背離了天性本能，這是在開倒車，怎麼過活應該是依天性本能，不該是恣意揮灑的藝術創作。

唯一的補救措施，就是開始走上正道，而此事不難辦到。本篇盡力為你闡釋相關真理，使你具備足夠知識以避免犯錯。

疾病的念想，會產生疾病形式。初始存在體依其念想形塑了人類，人學會思索健康而保有健康的形體，並在一切運作中展現極致健康。藉由觸摸聖人骨頭而得到治癒的人，實際上是藉由某個特定方式思考而得以治癒的，並非通過遺骨散發出的任何力量來治癒的。無論亡者是聖人或有罪之人，其遺骨皆不具有治癒能力。那些通過對抗療法或順勢療法的劑量得到治癒的人，確實也是藉由某個特定方式思考而得到治癒的，藥物本身並沒有治癒疾病的能力。

通過禱告和應許而被治癒的人，也藉由某個特定方式思考而被治癒。文字串、語句，本身並沒有療癒的力量。

不論是藉由什麼系統被治癒的病人，都藉由某個特

定方式思考，稍加審視我們即能得知此特定方式為何。此特定方式的兩個基本要素是信念以及個人對信念的運用方式。人們憑藉信念觸摸了聖人遺骨，他們的信念如此強大，以至於在接觸到遺骨的那一刻就切斷了疾病與心智的一切關係，並在心智上與健康達成連結。

這種念想的改變，伴隨著強烈的虔誠感受，這種感受滲透到他們靈魂的最深處，激發了健康法則強而有力的行動。他們憑著信念聲稱自己被治癒了，或將自己歸為健康的一類，憑藉飽滿的信念，他們認為自己已遠離疾病，可以好好享有健康。

以特定方式思考來保持健康的兩個要素是：

第一，憑藉信念宣稱自己健康或將自己歸類為健康者；

第二，在心智上斷絕與疾病的一切關聯，在心智上與健康達成連結。

人們在心智上為自己創造的，會在生理上產出，而人們在心智上與自己融合的東西，也會融入體內。如果你的念想總是將你與疾病聯繫起來，那麼你的念想就會成為導致你生病的固著力量。如果你的念想總是將你與健康聯繫起來，那麼你的念想就會成為一股讓你永保健康的固著力量。

對於靠藥物來治療的人來說，也是以相同的方式達到目的。他們自覺或不自覺地對所使用的療法有足夠信

心，在心智上切斷了與疾病的關聯而與健康達成連結。

這信念也許是無意識的。我們有可能對醫藥等事物抱持某種潛意識或與生俱來的信念，在客觀上我們對這些事物並沒有多少信賴，而這種潛意識信念足以將健康法則加速轉化為積極作為。

許多沒有自覺信念的人以這種方式得到治癒，而許多其他對這種方法有很大信心的人卻未能得到治癒，因為他們並沒有親身體驗。他們有眾人皆適用的信念，但卻未能為自己施行量身訂製的方案。

在這一章，我們強調兩個思考點：

第一，學會如何依信念思考；

第二，如何將此念想運用在自己身上，以迅速將健康法則轉化為積極作為。

應該如何思考，是我們首先要學的事。

第 4 章 · 善用思考的力量

為了在心理上斷絕與疾病的所有關係，你必須從內心與健康達成聯繫，杜絕負面想法，坦然接納，整個過程都很正向。

與其抗拒和不願面對病情，你應當採信且認定自己處於健康狀態。無視疾病的存在，解決不了問題；驅走穢物且讓住家一塵不染，於事無補，因為更糟糕的傢伙會有如回力鏢似地再來造訪。

你想要在心理上與健康建立起充分、持續的聯繫，就必須斷絕所有與疾病的關係。

本章首先要提的，是從念想上與健康建立全然的聯繫。達成此事的最好方式，是在心裡形塑一個健康的自我心像或畫面，想像一個完全強壯和健康的身體，並投入充足時間思索此景象，使之成為你對自己的慣性念想。

說得簡單，做來不容易，你必需投入相當多的時間進行冥想。話說回來，不是所有人都有相當發達的想像能力，能夠為自己清晰描繪出完美或理想體格的心理圖像。

就像【追求財富篇】中所提的，形塑個人想擁有之事的內心圖像並不難，因為我們已見過這些東西或其對應物，且知道它們的模樣，我們能夠輕易從記憶中將它們描繪出來。然而如果我們從未見過完美體格的自己，就很難形塑出清晰的內心圖像。

依自己意願來生成清晰心像沒那麼必要或關鍵，更重要的是形塑出極致健康的觀念，並將它與自身聯繫起來。此健康觀念並非特定事物的心理景象，它是對健康的理解，並包含各個部位與器官完美運作的想法。

你可以試著為自己描繪出效能卓著的完美體格，並且必須認定自己相當強壯健康足以完成所有事務。

你可以想像自己，正邁著有力的步伐筆直走在街上。你可以想像自己，每天的工作都很輕鬆，精力充沛，從不感到疲倦或體虛。你可以在腦海中想像一個健康飽滿和力量充沛的人完成了所有事情，你可以讓自己成為這個場景裡的主角，搞定所有事。

永遠別去考慮弱者或病人的做事方法，始終要想著強者都怎麼做事的。善用閒暇時間去思考「強者作風」，為此事建立良好的觀念，並始終將自己與「強者作風」的做事方式聯繫起來，這就是健康觀念。

想要為每個部位建構完美的運作，不必為了要在腦海中針對個別器官描繪出圖像，而去學習解剖學或生

理學。

　　從肝、腎、胃到心臟，一切健在。掌控生命中所有非自主的運作，在健康法則的銘印下，極致健康的念想會傳遞到每個部位與器官。肝臟不受制於肝臟法則，胃腸不受制於消化法則……依此推想。人體的健康法則，全身一體適用。

　　對生理學的旁枝末節鑽研越少，對你越好。人們對此學問的了解相對不足，推導不出周全的想法。不周全的想法會導致不完善的運作，疾病由此而生。

　　讓我舉例說明：直到最近，生理學仍將十天定為人類在不進食的情況下忍受的極限。人們認為，只有在特殊情況下才有辦法在禁食中存活更長時間。於是，人們普遍認為，禁食將近十天會性命不保，也有案例證明，確實有很多人因海難、意外事故或饑荒，在這麼長的時間裡未能進食而罹難。

　　然而坦納博士（John Tanner, 1780-1846）「禁食 40天」的表演，與杜威博士（Edward H. Dewey, 1837-1904）等人關於禁食療法的著作，還有無數禁食 40 至60 天的人體實驗，都證明人類禁食存活的能力比我們想像的要強大得多。任何人，經過適當教導都可以禁食20 至 40 天，體重幾乎沒怎麼減少，而且大多不會變得明顯虛弱。

那些在十天或更短的時間內餓死的人，是因為他們認定死到臨頭而喪念的。錯誤的生理學知識，使他們對自己產生了錯誤的念想。當一個人被剝奪食物時，根據他被教導的生存之道，或者換個說法，依據其思考方式，他很難活超過 10 天。由此你將發現，錯誤的生理學知識所造成的結果是相當致命的。

我這個時代的生理學建構不了任何關於健康的科學，因為其相關知識並不準確。儘管有種種自命不凡的說法，但人們對身體內部運作過程的理解卻相對不足。

食物是如何消化的，人們了解得還不夠；

食物如何給人體供應能量，人們了解得還不夠；

肝臟、脾臟和胰腺的確切用途、它們的分泌物能發揮什麼化學作用，人們了解得還不夠；

所有這些以及大多數其他觀點的建立，都基於推論，但真相是什麼仍有待釐清。

一個人若著手研究生理學，就會進入學說辯證的領域。置身相互衝突的觀點中，很容易讓人形成錯誤的想法。錯誤的想法會引發不當的念想，接著就導致身體的運作失調與病情。

最完善的生理學知識的貢獻就是，人們能想到的都是極致健康的念想，而且以最健康的方式吃、喝、呼吸和睡眠。正如本章所闡示的，根本不需要研讀生理學就能做到此點。

大多數情況下，所有衛生保健的作法都是如此。有一些我們應該知道的基本議題，這些議題將在後面的章節中解釋，但除了這些議題之外，請將生理學和衛生學擺到一邊，這些學說往往會在你腦中充塞缺憾狀態的念想，而這些念想接著會在你體內產生缺憾情況。如果你最在乎的是健康，那就別去研究任何判別疾病的學說。

　　我們應致力為自己建立健康觀念，遠離對自己當前的狀況、成因及可能後果的一切調查。想想健康的好處及健康的可能樣貌，想想在極致健康的情況下所能完成的事務及享有的樂趣，然後，讓這個觀念成為你自我思索的指引，將任何不和諧的念想都拋諸腦後。

　　當任何有關疾病或不完善運作的念想出現在你腦海中時，請立刻喚起與健康觀念一致的念想來將之驅散。懂得這個道理，就應當時時刻刻認定自己是個強壯且極度健康的人，同時杜絕一切背道而馳的念想。當知，在你將自己與此觀念融合起來時，滲透並充塞你身體組織的初始存在體正在依據念想形成，接著引發相關運作，促使極致健康的細胞為你的身體組織進行重建。

　　一切事物皆由唯一存在體構成，存在體滲透且沉浸在萬物之中，所以祂也存在於你體內且貫穿其間。祂依念想運作，所以你只要存有極致健康的運作念想，祂就

會引動你內在健全運作的相關行為。我們應當謹守與自己息息相關的極致健康的念想，絲毫不可鬆懈。

別讓自己用其它方式思考。懷著全然信念，抱持極致健康的念想，你內心所觀照的即是真理。

人同時擁有心智與肉身。當你有了自我覺察的能力時，就會形成心智，而你持續保有的念想都會通過身體轉化其形象而變得可見。將完美運作的念想植入心智，到了適當時機就能促成身體完美運作。

肉體會轉變為心智體所期待的理想形象，此事並非一蹴可及，我們畢竟無法像神人那樣任意變化肉體。在形體的創生與再造中，存在體依其建構的既定成長路徑推進，健康念想的銘印逐個細胞地打造出健康的身體。

保持極致健康的念想最終將促成完美的運作，而完美的運作，在適當的時機造就極致健康的身體。

你天性本能的力量足以克服所有遺傳印記，如果你學會掌控你的念想，你就能專注於健康的念想，如果你以極致健康的方式履行生命的自主運作，你一定能保有極美好的健康狀態。

第 5 章 · 信念：健康法則的原動力

　　信念是健康法則的原動力，除此之外再沒有什麼可以讓健康法則運作起來，只有信念才能使你在念想上將自己與健康聯繫起來，並切斷與疾病的聯繫。

　　一旦對健康喪失了信心，疾病意識就會再進入你的思緒中。人沒了信心就會產生疑慮，一產生疑慮就會心生畏懼，一畏懼，就會想東想西將自己與畏懼的事物聯繫起來。

　　一旦你害怕疾病，就會認為自己與疾病搭上了線，疾病的形式與運作會在你體內產生。正如初始存在體從自身創造出其念想的形式一樣，你的心智，與初始存在體有所連結，會採取你所思考的任何形式運作。如果你害怕疾病、懼怕疾病、懷疑自己是否能免受疾病侵害，或者甚至只是單純想到疾病，你就會將自己與它聯繫起來，並在內心創造它的形式和運作。

　　念想的效力或創造力由它蘊含的信念所賦予，信念不足的念想創造不出任何形式。存在體知道所有真理，只思索真理，對每個念想都有絕對信心。因為存在體只思索真理，所以由它而生的念想也只認定真理。

想像在無形存在體中有個欠缺信念的念想，你會發現此念想將導致存在體無法運作與成形。

請記住，只有那些在信念中孕育的念想才具有創造性能量。只有飽含信念的念想才有功效，以及加速健康法則運作的能力。

你若對健康欠缺信念，就相對地會認定疾病已經找上門了。一旦你對健康沒信念，那麼思考健康就毫無助益，因為念想不具備效力，難以使身體狀況好轉。

再次重申，一旦不相信自己很健康，你就必定會覺得自己已經疾病纏身。在此情況下，你若每天花了十個小時思考健康，而卻讓疾病在腦中出現幾分鐘，疾病念想就會掌控你的健康狀況，因為它會趁著你信心不足時作怪，致使健康念想被抑制。你的身心會呈現出病徵，病情開始纏身，而你的健康念想已欠缺足夠動力來為自己療癒。

為了實踐健康之道，你必須對健康有百分百的信念。信念始於相信，現在我們來討論這個問題：為了對健康有信念，你必須相信什麼？**你必須相信，在你自身和周遭環境中，健康的力量大於疾病的力量。**考慮如下事實，你就會相信此點。

有唯一會思考的存在體，祂構成萬物，在初始狀態下，祂沉浸、滲透並充塞於宇宙空間。此存在體中

> 之於形式的念想會創造形式，之於某行為的念想，會
> 引發該行為。

　　對人類來說，初始存在體的念想始終處於極致健康
且完美運作著。此存在體，無論在人體內還是體外，總
能為健康發揮力量。

　　人是一個思維中心，有獨創性的思維。初始存在體
將心智滲透到人的體內，而身體的運作由人的心智信念
決定。如果一個人懷著對健康運作的信念，就會使他的
內部運作以健康方式發揮，前提是他以相應的方式發揮
外在運作。如果有人相信自己被疾病入侵或思索著疾病
的影響力，就會導致自身的內在機制依著疾病運作。

　　人體內本已具有初始的心智存在體，始終在朝著
健康推進，會從各方面自我敦促。人藉由如同海洋般無
邊無界的健康力量生活、行動及存在，並依信念發揮
力量。

> 　　當一個人覺知了健康力量並善用之，他就完全擁
> 有了健康力量，以堅定的信念將自己與健康力量結合
> 起來，他就理所當然會得到健康，因為存在體的力量
> 就是一切力量的來源。

　　篤信以上所述，就是健康信念的基石。相信了，
就會確信健康是人的本能狀態，而人類就活在大宇宙健

康的中心，一切的本能力量都是為健康而生，誰都能健康，都有獲得健康的能力。

你會相信，大宇宙中心的健康力量，比疾病的力量大上千萬倍，事實上，疾病沒有任何力量，它只是念想和信念被誤導而造成的後果。只要相信你是可能健康的，而且認定終究能得到健康，確切知道怎麼做才能健康，那麼你就有自信能健康。你可以擁有這樣的信念與知識，前提是詳閱本書，決定相信且實踐本書所述。

光有信念還不夠，是將信念運用在生活中才能達到療癒效果。你必須從一開始就宣告自己是健康的，形成健康觀念，並盡可能地形塑出極致健康者的思維。然後，憑藉信念，你要宣告自己正在落實健康觀念。

要滿懷自信斷定自己很健康，而不是自信滿滿地斷言自己「將會」健康。要對健康有信心，為自己貼上健康標籤，意味著對自己的健康極有自信。所以，第一步就是宣告你很健康這個事實。

抱持健康的心態，不說任何與此心態背離的話，不做任何與之矛盾的事。避免說出與如下宣告不符的話語：「我超健康的……」，與之不協調的身體反應也不該出現。

走路時要邁著輕快的步伐，昂首挺胸。時刻關注自己的身體行為和態度，這是健康者應該有的習慣。

當你發現自己又陷入了軟弱或疾病的態度時，請立即修正：挺直腰板，並想著健康和力量，快快將認為自己並非極致健康者的想法逐出腦中。

你會在感恩的儀式中發現一項偉大的，也許是最偉大的助力。每當你想到自己，想著自己進步的情況，請感謝偉大的心智存在體讓你享有極致健康。請記住，生命源源不絕地從造物者那裡流入，所有被創造者都依其形式接受生命，每個人也按照自己的信念接受生命。

造物者賜予的健康不斷地被推送到你眼前，思及此事，請虔誠地提升你的心智，感謝你已被引導到真理並獲得身心的極致健康。始終保有感恩的心，並以言辭表達感激之情，感恩的心，能助你擁有且掌控自己的念想領域。

每當疾病的念想襲來，請立即宣告自己健康無恙，並感謝造物者賜予你極致健康，這樣做可讓你心思中沒有任何不良念想可存在的餘地。任何與疾病有關的念想都是不受歡迎的，你可以逕行斷言自己健康無恙且將不良念想拒於門外，虔誠感謝造物者為你帶來的美好。

很快地，老舊念想將不再出現。感恩具有雙重作用：它增強你自己的信心，使你與造物者建立密切和諧的關係。你相信有唯一心智存在體，所有的生命和力量都來自於祂，你相信自己的生命源於此存在體，並且通

過持續的感激之情，你將自己與祂緊密聯繫在一起。

　　不難看出，你與生命之源的聯繫越緊密，你就越能夠從中獲得生命力。也很容易看出，你與祂的關係是心理態度的問題。我們無法與造物者建立具體關聯，因為造物者是心智存在體，我們也是心智存在體，所以，我們與造物者所連結的必定是心智關係。顯然，那些內心深處充滿感激之情的人，會比那些從不以感恩之情仰望造物者的人，與造物者有更緊密的聯繫。

　　不懂感恩或不知感謝的心智，在本質上認為自己根本沒有從造物者那裡接受到什麼，結果就會斷絕了與造物者的聯繫。

　　懷有感恩之心者，總是仰望至高無上的造物者，總是開放地接受祂，而且持續不斷地接受著。

　　人類的健康法則從宇宙的生命法則中獲得生命力，藉由對健康的信念和之於獲得健康的感激，人可以將自己與生命法則聯繫起來。通過意志的適當運用，人的信念和感恩之情能夠被培養壯大。

第 6 章 · 用意志力打造健康念想

在健康之道的實踐中，當你真的無法落實時，意志不會勉強自己為之，或者當你身體還不夠強壯時，意志不會強迫自己去做某事。你不會將意志引導到身體上，或者試圖通過意志力來強迫內部機制啟動相應的運作。

> 你應將意志引導到心智，並用它來決定你該相信什麼，你該思考什麼，以及你該關注什麼。意志永遠不該用在任何你以外的人事物上，也不該用在自己的身體上。運用意志，唯一合乎規範的用途是確定你應該關注什麼，以及你應該如何看待你所關注的事物。

所有的信念，都始於願意相信。你不可能總是立即相信你願意相信的事情；然而只要是你想要相信的，你就願意相信它。

你想要相信健康的真相，並且你應當樂意這麼做。本章會闡述健康的真理，你應當樂意採信，這必定是你邁向健康的第一步。

這些是你應當樂意採信的陳述：

有一個會思考的存在體，萬物皆由其構成，人類從這種存在體獲得了生命，依此建立了健康法則。

　　一個人本身就是個會思考的存在體，一個滲透到肉體中的心智體，人的念想是怎麼樣，他肉體的運作就是怎麼樣。

　　如果一個人只思索極致健康的念想，那麼他必須，且將促使身體的內部運作與不自主運作都是健康的運作，以使他外部運作與自主運作及自主姿態都能依念想行事。

　　當你願意採納以上所述，你就必須開始依此採取行動。除非付諸行動，否則你難以長久堅守信念；除非付諸行動，否則你難以強化信念直到它變成信仰；除非付諸行動，否則你實在難以期望從信念中獲益。只要你的認知與本文所述背道而馳，什麼好事都不會發生。

　　你若繼續表現得像病人，就不可能長久保有對健康的信心。你若總是表現得像病人，你就會不得不繼續認定自己是個有病的人。你若繼續認為自己有病，病人的標籤就會一直貼在你身上。

　　由外而內表現得像健康人士的第一步，是開始自內在展現出健康人士的模樣。形塑你的極致健康觀念，並一再思索極致健康之道，直到它開始對你有明確意義。

想像自己在做著強健者所做的事，並且有信心你能以健康之道貫徹執行。繼續這麼做，直到你對健康有一個活力十足的觀念，以及它對你意味著什麼。

本章所提的健康觀念，指的是一個包含健康人士的外表和做事方式的觀念。

將自己與健康聯繫起來，直到你形塑出一個關於極致健康的人如何生活、打扮、行為舉止和做事的觀念。

將自己與健康聯繫起來，直到你以想像力構思出自己總是以健康人士的行事之道做每件事，直到健康念想傳達了健康所給你帶來的想法。

即使你可能無法形塑出自己極致健康的清晰心理圖像，你依然可以形塑出自己表現得就像健康者的觀念。形塑出此觀念，然後只考慮與自己有關的極致健康的念想，並且盡可能與其它事情建立連結。你疾病的念想上門來問候你時，請將它拒於門外，別讓它進入你腦海，完全不要接收或考慮它。啟動健康思維，認為自己一切無恙，並對自己所獲得的健康展現真誠感激，用這個方法來處理疾病念想。

當疾病的暗示大量且快速地向你襲來，使你陷入困境時，請啟動你的感恩儀式，將自己與至尊造物者達成聯繫，感謝造物者賜予你極致健康，很快你就會發現能夠掌控自己的念想，以思索你想要思考的事情。在面對

懷疑、考驗和誘惑的時候，感恩儀式總是一個定錨，可讓你免於被帶偏。

請記住，最重要的是在心理上切斷與疾病的一切關係，以及與健康建立全面的心理關係。這是所有心理治療的關鍵，此即一切。在此我們見識了偉大的成功學，與任何其他公式化的實務體系相比，健康法則更堅持其信奉者應與疾病斷絕關係，並充分與健康聯繫起來。學問的療癒力量不在於其神學層次的解方，也不在於對事物的否定，而在於它引導病人通過信念接受自己可以健康的事實，而疾病其實是虛假事物可以視而不見。

療癒未能奏效，是因實踐者雖然以特定方式思考，但卻用別的方法吃、喝、呼吸和睡覺。

重複一連串的字詞雖然沒有療癒的力量，但將中心念想表述清楚，讓你可以信手拈來地重複操作，是一件非常方便的事。這樣當周遭圍繞著負面暗示時，你就可以依此來堅定信念。

當周遭人們開始談論著疾病與死亡時，摀住耳朵，在心裡斷言如下：**有個唯一存在體，我與此存在體協同一致。此存在體恆常存在，祂是生命力之源，而我與此存在體協同一致，生命便得以恆常存在。唯一存在體視疾病為無物，所以我健康無恙。**

操練你的意志力，挑選出健康的念想，並布置好環境來為你提供健康念想。遠離暗示著死亡、疾病、畸

形、虛弱或年齡的書籍、圖片等事物，只擁抱那些傳達健康、力量、歡樂、活力和青春想法的東西。當眼前出現任何暗示疾病的書籍或物品時，別把它當一回事。

想想你的健康觀念，以及你的感激之情，堅定不移地運用意志將注意力聚焦在健康念想上。在此要說明的是，你必須滿腦子只想著健康，只識得健康，只關注健康，並且必須運用意志力來控制念想、認知和注意力。

別試圖運用意志迫使自己的身體能健康運作。你只要心無旁騖地關注健康念想，健康法則就會隨之啟動。

別試圖將意志強加於無形存在體以要求它給你更多生命力或能量，它已經在全力為你服務了。

你不必用意志來克服不利條件或壓制不友善勢力，沒有不友善勢力，只有一股唯一的力量，而那股力量對你是友善的，是能夠為你打造健康的力量。

宇宙萬物都希望你健康無恙。你唯一需要克服的，是你自己以某種特定方式思考疾病的習慣，解決之道是養成以另一種方式思考健康的習慣。

一個人不斷地以特定方式思考，按照特定方式發揮外在運作，可以使身體的所有內部運作都發揮得極致健康。他可以通過控制注意力進行特定方式的思考，並且運用意志來掌控注意力。

要考慮什麼事情，人可以自己做決定。

第 7 章 · 來自造物者的健康法則

所謂的至尊造物者，是指創造萬物的會思考的存在體，它存在於萬物之中並貫穿一切，尋求生命的豐盛以及更完整展現。本章將為你闡釋人類如何從至尊造物者那裡獲得健康。

心智存在體處於完美流動狀態，沉浸並滲透一切事物，觸及所有心智。它是所有能量和力量的泉源，建構了生命力的流動，使萬物生機蓬勃。

心智存在體努力的目標很明確，就為了實現一個目的，此目的即為促使生命得以完整表達心智。

當一個人與心智存在體達成協同一致時，此存在體能夠，且將會為他帶來健康和智慧。當一個人堅持著生活得更豐盛的目標時，他就會與至高無上的存在體和諧相處。**造物者的宗旨是為所有人提供最豐盛的生活**，祂致力於讓你的人生更加豐盛。如果你自己的目標是人生更加豐盛，那麼你就應當與造物者協同合作，而祂也必定會與你聯手運作。

正如最高心智體存在於萬物之中，如果你與祂達成和諧一致，你就必定會與萬物達成和諧一致，你理當渴求為自己及人們提供更豐盛的生活。與造物者和諧相

處，會給你帶來以下好處。

　　首先，你會得到智慧。我所說的智慧並不是指對事實的了解，而是指感知和理解事實的能力，以及在與生活相關的事情上做出明智判斷和正確行動的能力。智慧是感知真理的能力，以及充分利用真理知識的能力，是迅速感知最佳目標，以及構思實現目標的最佳方案的能力。

　　　智慧帶來平靜，帶來正確思考的力量，控制和引導著你的念想，得以避免錯誤思考而造成的困境。憑藉智慧，你將能夠根據自己的特定需求選擇正確的學習方案，並以各種方式管理自己，以確保獲得最佳結果。

　　你會知道如何做你想做的事。你一眼即可看出，智慧必定是至尊存在體的基本屬性，知道一切真理的人必為智者，而且你會懂得，只要讓念想與存在體協同一致，即能擁有智慧。容我重申，既然此唯一存在體等同於萬物，且存在於萬物當中，你必須與這唯一存在體和諧相融才能夠擁抱智慧。

　　如果你的願望或意圖中有任何會給他人帶來壓迫、或造成不公正、或損及任何生命力的念想，你將無法獲得來自造物者的智慧。緣此，你必須為自己設定最好的目標。

人生通常可以有三種生活目標：為了身體的滿足，為了智力的滿足，還有為了心靈的滿足。第一個是通過滿足對食物、飲料和其他能帶來愉快身體感覺的事物的欲望來實現。第二個是通過做那些引起愉悅心理感受的事情來實現，例如滿足對知識的渴望或對漂亮衣服、名譽、權力等的渴望。第三個是通過由無私的愛和利他主義的本能掛帥來實現。

當一個人在以上各方面表現到最完美、謹守分寸時，他的生活就會最明智、最完整。只為了肉體需求而貪婪過活的人是不智的，這與造物者不和諧。僅僅為了智力的冰冷愉悅而活的人，儘管他講究道德至上，他仍是不智的，與造物者不和諧。

那些完全為了利他主義而生活、為了別人而犧牲自己的人，與在其他方面過度追求的人同樣不明智，也與造物者相去甚遠。

為了與造物者完全和諧，你必須下定決心在身體、念想和靈魂上最大限度地發揮你的能力。這意味著以各種不同的方式充分運作，但不能過度，因為一方過度會導致另一方不足。在對健康的渴望背後，是你對更豐富人生的渴望，而在這背後，是造物者對你內心更充實生活的期盼。

因此，**當你邁向極致健康時，請堅持實現身心靈皆完美的目標。在各方面都進步，在各方面生活得更好，**

如果你堅持這個目標，你就能得到智慧。智慧是一個人最想要的贈與，因為智慧使他能夠正確地自我管理。然而你能從造物者那裡獲得的不只是智慧，你還能收獲身體能量、活力、生命力。

無形存在體的能量是無限的，而且滲透入一切事物中。你已經以自動而本能的方式吸納或掌控此能量，如果你明智地採取行動，還能更大程度地做到這一點。

衡量一個人力量的標準，不是造物者會賜予他什麼，而是這個人打算運用意志和智慧來掌控什麼。造物者給了你一切，唯一的課題是要在無限量的供給中獲取多少。

詹姆斯教授指出，人類的力量顯然沒有限制，這純粹因為人類的力量來自於至高無上、取之不盡的源頭。跑步者到了筋疲力竭、體力幾乎完全耗盡的時候，藉著某種方法繼續跑下去，能再次得到喘息，會以看似神奇的方式恢復體力，然後持續撐下去。

持續以特定方式運作，可以獲得第三次、第四次和第五次……一再的喘息，讓人不知極限何在，可及之處無遠弗屆。要到此境界，先決條件是跑者必須絕對相信力量必將到來，他必須沉穩地思索力量，完全相信自己擁有力量，並且必須持續跑著。如果跑者心中萌生疑慮，就會筋疲力竭，如果他為了等候力量的增強而停止

奔跑，所期待的力量永遠不會來到。

　　對力量的信念，對自己能跑下去的信念，堅定不移地跑下去的決心，堅持下去的行動，將他與能量的泉源聯繫起來，為他提供全新補給。

　　患病者以相似的方式對健康懷有堅定信念，其用意是要與源頭和諧相處，且以特定方式進行生命的自主運作，能獲取滿足其需求之生命能量，且療癒一切病痛。

　　造物者尋求在人性中充分地表達自我且盡情生活，祂樂意為人提供一切最豐盛的生命需求。行動和反作用是對等的，當你渴望活得更加豐盛時，如果與造物者心靈和諧，創造生命的力量就會開始集中在周圍環境和自己身上。

　　唯一的存在體，祂會向你靠近，充斥在周遭環境裡，你若憑藉信念與祂和諧一致，祂就會你為作功。

第 8 章 · 有益於健康的心理活動

你相信有唯一會思考的存在體，萬物皆由其構成，且在其初始狀態下沉浸、滲透並充塞整個宇宙。此存在體是萬物的生命起源，一直尋求在萬物中展現更多生命力。這是宇宙的生命法則，也是人類的健康法則。

人類是存在體的一種形式，最高存在體為人類供應生命力。來自造物者的心智，滲透在人類的體內，心智與存在體和諧一致而掌控著人體的運作。如果人的思緒中除了極致健康之外沒有任何念想，那麼他的身體機能就會以極致健康的方式運作。

為了有意識地將自己與全身心健康聯繫起來，你必須將「在生活的每個層面上都圓滿」定為目標。你追求身心靈都能圓滿生活，使生命的一切和諧運作。

與世間萬物保持意識和智慧和諧的人，可以獲得持續灌注的生命力，而憤怒、自私或敵對的心態會將此灌注阻隔在外。你若在任何方面有所抗拒，就會切斷你與可獲得的生命力的一切聯繫，這是出於本能而自動自發的，並不明智，用意也不充分。

你會發現，如果你的內心世界與某一方對立，你無法在整體上達到全然和諧。

　　在本書【追求財富篇】中曾提到過競爭性思維和創造性思維的力量，失去健康的人能否在競爭性思維中完全恢復健康，這點讓人質疑。

　　在心智中形成創造性或立意良善的構面之後，接下來是要形成一個自我觀念，認為自己極為健康，與此觀念不完全一致的念想皆將之拋諸腦後。請相信，如果你滿腦子想的都是健康念想，你就會在體內建立起健康的運作機制。善用意志力，確保你腦子裡想的都是健康念想。

　　永遠不要認為自己生病了，或者可能生病了；永遠不要把自己與疾病連結起來，要全力排除所有與他人有關的疾病念想。盡可能讓自己置身於那些暗示力量和健康的事物中，**要對健康懷抱信心，並接受健康是你生活中真實存在的事實**。將健康視為至尊造物者賜予你的祝福，並時刻懷著深深感激之情。憑藉信念祈求祝福，要知道這祝福本就屬於你，而且絕不接納違背心智的念想。

　　運用意志力，別理睬自己和他人身上每個疾病的病徵。別去檢視疾病，別去想它，也別談論它。任何時刻，當疾病的念想襲來，請將心智專注於虔誠的感恩狀態來確保自己極致的健康。

為自己形塑極致健康的觀念，並且只思索與此觀念一致的念想。

具有信念、感恩之情和想好好生活的意圖，可以涵蓋一切需求。除了本篇第 6 章中描述的情況外，沒有必要進行任何形式的腦力練習，或自信滿滿的挑戰高難度的行為等等。沒必要將注意力集中在受影響的部位，別牽掛著什麼部位有受到影響。

無須通過自我暗示來給自己治療，也別讓人以任何方式治療你。你內在的健康法則才是療癒的力量，要將這一法則轉化為建設性的作為，只需在你與存在體和諧一致之後，通過信念來宣告你的全面健康，並堅持此一宣告，直到全面健康在你身體所有運作中體現出來。

然而，為了保持這種信念、感恩之情和好好活著的心態，你的行為表現必須講究健康。如果你的行為表現依舊像個病人，就不可能長期保有健康者的內在態度。重要的是，不僅你的每個念想都應是健康念想，而且每個行為都應該是健康行為，並以健康之道為之。

如果你能讓每個念想都成為健康念想，讓每一個有意識的行為成為健康行為，那就必然能得出這樣的結論：**每個內在和無意識的運作都將變得健康，因為生命的所有力量都不斷在為健康作功**。接下來，我們再來探討如何讓每個行為都是健康行為。

第 9 章 · 如何選定用餐時間

僅靠心理活動、無意識或非自主運作的發揮，無法建立和維持身體的極致健康。有些行為相當程度是自主的，與生命本身的延續有直接與立即的關係，像是吃、喝、呼吸和睡眠。

無論一個人的念想或精神態度如何，如果不吃、不喝、不呼吸或不睡覺，他就無法生存，而且，如果他以違背天性或錯誤的方式吃、喝、呼吸和睡覺，他就會不健康。很重要的是，你應該學會正確進行各項自主運作，最關鍵的就是從飲食著手，我將說明如何做到。

關於什麼時候吃、吃什麼、怎麼吃、吃多少，一直以來都有不少爭議，而這些爭議都是不必要的，因為正確之道並不難找。你只需考慮支配一切成就的法則，無論是健康、財富、權力還是幸福；這個法則就是你必須在所處位置做你當下所能做的事，以最完美的方式做好每個行為，且將信念的力量融入每個行動中。

消化與吸收的過程，是在人的內心監督和掌控下進行的，這部分通常被稱為潛意識。潛意識負責生命的所有運作過程，當身體需要更多食物時，它會通過引發飢餓感來告知此事。

人一餓，就該吃東西，每當需要食物而且有東西能吃時，飢餓感就油然而生。如果不覺得餓，無論對食物的需求量多麼大，吃東西都是反天性而不適當的。

即使你處於明顯的飢餓狀態且極度消瘦，如果不覺得飢餓，食物近在眼前你也不想吃，此時吃東西對你而言是反天性而不適當的。

儘管你已經幾天或幾週沒有吃東西，但如果你沒有飢餓感，食物近在眼前你也不想吃，就算拿到了你嘴邊大概也不願開口吃下。每當需要食物時，若是為了正常享用食物而且有能力消化與吸收，潛意識就會以明確的飢餓感來宣告此事。

在不飢餓的時候攝取食物，有時可被消化和吸收，因為人體本能會格外努力去執行違反其意願的任務，然而如果習慣性地在不飢餓時攝入食物，消化力到後來會大幅損傷，造成難以估量的敗壞。

上述情況若正確且無可爭議，那麼這就是個不證自明的議題，一個人感到飢餓的時候是他應該要進食的本能時機（以及健康時機），而人在未感到飢餓的時間點吃東西就是違反本能的不健康行為。

由此可見，科學地解決何時吃飯的問題並不難。感覺餓的時候就要吃，不覺得餓時別吃，這是遵循人體本

能，也是遵循造物者的旨意。總之，我們一定要辨別清楚飢餓感與食欲的差別。

飢餓是潛意識的呼喚，需要更多的物資來修復與新陳代謝，以及保持體內的熱量。若是不需要更多的物資，而且若是沒有能力將其攝取到胃裡消化，就不會有飢餓感。

食欲是一種想達到感官滿足的渴望。醉漢有酒癮，但並不會因沒喝酒而飢渴；正常進食的人，不會因為沒吃糖果、甜食而覺得飢餓；而對這些東西的渴望就是食欲。不喝茶或咖啡，不吃重口味食物，不會讓人覺得飢餓，人也不會因為吃不到星級主廚的各種迷人菜餚就覺得飢餓。你若渴求這些東西，那是出於食欲，而不是出於飢餓。

飢餓是人體對於建構新細胞的物資的本能呼喚，而人體本能從來不呼喚任何背離此宗旨的東西。在很大的程度上，食欲通常只是一種習慣。人若在某特定時間吃或喝，尤其吃的是甜食或香辛類、刺激性食物，就會定期在這個特定時間點犯癮，然而這個對食物的習慣性欲望不該被誤認為飢餓感。飢餓感不會在特定時間出現，只有當工作或運動消耗了足夠能量而必須吸收新的物資時，飢餓感才會出現。

例如，如果一個人在前一天已經吃飽，那他就不可

能在睡好一覺醒來之後真的感到飢餓。身體在睡眠時會補充生命力，白天攝取的食物也已吸收完畢，睡完覺之後人體系統並不需要立刻進食，除非這個人在休息時正處於飢餓狀態。在依循人體本能的合理進食模式下，人其實不會真的飢餓到非在清晨來一道早餐不可。人在熟睡後醒來，不可能立即出現尋常或真正的飢餓。

清晨的早餐總是為了滿足食欲，而不是為了充飢。無論你是誰，無論你的狀況如何，無論你工作多麼努力，或者暴露在多少環境中，除非你餓著肚子上床睡覺，否則你不可能餓著肚子起床。

飢餓不是由睡眠引起的，而是由工作引起的。無論你是誰，無論你的狀況如何，無論你的工作有多辛苦或多輕鬆，所謂的不吃早餐方案會是適合你的方案。這對每個人來說都是不錯的方案，因為它基於一項普遍法則，即飢餓永遠不會不請自來，除非已符合會飢餓的條件。

我知道許多樂於享用早餐的人會對此提出抗議，早餐是他們最好的一餐，他們工作十分辛苦，空腹難以熬過上午。他們的所有論點在事實面前都站不住腳。他們享受早餐，如同上層人士享受晨間飲品一般，這是為了滿足習慣性的食欲，而不是為了滿足本能需求。他們不這樣吃喝也照樣能活，畢竟數百萬各行各業的人確實不這樣吃喝也活得好好地，甚至活得更好。

如果你要按照健康之道生活，在飢餓感出現之前
絕對不要吃東西。

　　然而，如果早上起床時不吃飯，應該什麼時候吃第
一頓飯？在 99% 的情況下，中午 12 點已經夠早了，而
且通常也是最方便的時間。如果你正在做繁重的工作，
到中午你就會感到飢餓，需要吃一頓豐盛的飯菜。你的
工作如果還算輕鬆，仍然可能有足夠的飢餓感來吃一頓
適中的飯菜。可以制定的最佳法則是，如果餓了，你應
該在中午吃一天裡的第一頓飯，如果不餓，那就等到餓
了再說。

　　什麼時候應該吃第二頓飯？如果還沒達到真正飢
餓，還沒餓到不行，你無須吃第二頓飯。當你真的感到
飢餓而想吃第二頓飯時，請在最方便的時間進食，但請
你在確實覺得飢餓時才開動。

　　健康之道很明確地告訴我們：我應該什麼時候吃、
多久吃一次？答案是：當你感到飢餓時就進食，其他時
間不吃。

第 10 章 · 如何選擇食物

．．

　　素食者與肉食者，熟食倡導者與生食倡導者，以及其他各種流派之間總是不停在較量，對抗未曾止息。從支持和反對每種獨特理論堆積如山的依據和論證來看，很明顯，如果我們只仰賴這些專家學者，我們永遠難以得知人類所需的天然食物是什麼。暫且擱置爭議，若求諸大自然，我們將發現大自然給不了答案。

　　關於吃什麼才好這個問題，答案很簡單：吃我們可以在大自然中取得的東西。

　　構成萬物的唯一存在體，為各個宜居之地的人們提供了豐富的完美食物，並賦予每個人身體和精神上的能力，知道他應該吃什麼食物、應該怎麼吃以及應該在什麼時間吃。

　　每當人們試圖優化大自然，他們就會犯錯，因為人類並不具備足夠的知識來避免犯錯。大自然是存在體的一種具體形式，運用存在體的能量，依其法則運作。大自然為每個人提供了極致健康所需的一切。

　　宇宙偉大智慧實際上已解決了我們應該吃什麼的問

題。自然界的規律決定了人類的食物應根據其所居住之地而定，這些是最符合氣候特性的食物，也是人們在食用時最新鮮的食物，因此最富含來自造物者的生命力。在攝取這些食物的過程中，人可以與創造食物的生命法則建立最密切的聯繫。因此，一個人只需自問，他所居住的地方生長著什麼食材，有哪些生物在生活。

　　一個人如何根據自己的年齡、性別、血統、健康狀況、是否受寒、身體和精神活動來知道該吃哪些食物？我們再次看到在大自然中運作的宇宙偉大智慧給此問題提供了解方，它在每個區域提供各式各樣的食物，並為人類提供飢餓感和味覺。

　　一個人需要食物作為身體健康法則的原材料，以直接提供能量與熱量來防禦、修復組織和生長。他需要蛋白質、碳水化合物、脂肪、維生素和礦物質，這些養分存在於水生和陸生動物的肉、奶、血、蛋、骨頭和器官中，以及陸地和水生植物的根、莖、葉、花、種子、穀物、堅果及果實中。宇宙偉大智慧引導人們與大自然和諧相處，來找到獲取各種食材和料理它們的方法，健康法則會指引人的飢餓感和口味去找到滿足其需求的恰當食物。

　　食物的烹調方法多種多樣，如何決定最佳料理方案呢？人們應該用與大自然合伙的方式獲取和料理食材，一旦與大自然作對就會犯錯。為了說明這一點，讓我們

把與大自然合伙的人們的健康狀況，與跟大自然作對的人們的健康狀況做比較。

在每種氣候下，各個種族在數千年的時間裡學到了大自然的智慧，以及依循大自然的季節與周期完美和諧地採集、料理及食用所在地區食物的最佳方法。這些人的極致健康，為體力和耐力、完美視力和牙齒、長壽、技能和敏捷性、智力發展、道德和整體福祉，提供了耀眼的榜樣。

此外，他們學到了健康繁殖和養育下一代的祕訣，這樣不僅使得孩子們快樂、健康地成長，而且能夠與他人和諧相處。這些極致健康的人遵循哪些飲食祕訣？他們只吃自然界中存在的食物或可以簡單地由這些食物製成的食物。他們只吃最好的，營養成分最高的食物，求精不求多。

極致健康者葷素皆食。許多取自植物和動物的食物都可生吃，動物的骨頭和器官也是必要食材，重要性不亞於肌肉（而且往往比肌肉更受青睞）。從馴養的動物中提取新鮮的牛乳（甚至包括血液），還挑選以初長成的春天草料充分餵養，健康狀況較好的動物的乳汁來製造乳製品，比方說乳酪、黃油和其他可以儲存以備日後食用的乳製品。在非產乳季節，也以最優質的乾草餵養動物們。

對於某些群體來說，即使還有其他葷食可採用，

成蟲和未成熟的昆蟲還是很重要的食物來源。在靠近海洋的地區，海洋生物是主要的動物性食材，魚卵也是豐富的營養來源。在這些食材無法全年皆可取得的地區，魚肉和魚卵會經過脫水乾燥處理儲存起來以備在冬季食用，補給營養成分。

植物性食物在其生長和成熟的季節被大量食用。在它們無法全年皆有產出的地方，有些會用封存營養的手法保存下來以備在冬季使用。

各種甜食只有在特殊場合才會少量食用。精製糖不宜食用，所有添加精製糖製成的食品也是少吃為妙。

使用天然肥料在栽種植物的土地上施肥，並適時休耕一段時間。穀物先將它磨碎後食用，或維持原形入口都好。婦女在婚前和懷孕前幾個月，以及懷孕和哺乳期間，必須接受超高營養的飲食。每次分娩時間宜貼心地以三年為間隔，以便母親哺育幼兒，然後滋養身體為下一次懷孕做準備。

年輕男性為了擔任父親做準備，也要吸收超高營養飲食。孩子們必須得到妥善照料，給予高營養食物來幫助他們成長。因為自然界的因素，食物供給有時會減少，而在祭典期間人們會少吃，甚至根本不吃。

人們積極參與種植、採集、狩獵和準備食物等體力活動，他們舉行社區感恩和慶祝儀式。這些是地球上最健康的人的做法。

當這些人放棄他們的生活方式和飲食方式，並改為取用非天然食物時，會發生什麼狀況呢？他們會出現疾病、畸形、痛苦和不合群的行為。導致這些影響的非天然食物有哪些？它們是精製和醃製的食品，其中的天然生命力已被去除或流失，甚至要添加糖和香料來掩蓋營養的欠缺。它們是相當老化的食物，裡面已經沒有生命力。這些來自不健康動植物的食物，它們蘊藏的生命力只有體弱病虛的印記。

追求極致健康，需要的是充滿生命力的活力食物，並按照極致健康的方法料理與進食。

現代城市的居民如何取得活力食物，並將健康法則融入到生活中呢？首先要記得，要吃你居住地區的自然界所提供的食物，必須使自己與生命法則和諧一致，感激所有人都有豐富的食物，並相信自己會被完美地引導到附近地區可用的最佳食材。

極致健康需要懷著信念、感恩和喜悅，與所有食物的源頭建立關係，必須本著造福眾人身體健康，無損任何人生命的態度來收集食物。

一個人要嘛必須學會種植和採集、飼養動物、狩獵和捕魚，要嘛找到那些會這樣做的人。如果他不直接從大自然獲取食物，他就必須與那些直接從大自然獲取食物的人建立友好關係，明智選擇跟那些懂得與自然界

和諧相處、運用感恩之情及智慧的人打交道。不知道如何根據生產和尋找食物的自然法則來識別農民或獵人的人，可以遵循以下簡單觀念來選擇你的食品供應商：

1. 供餐者健康、快樂、慷慨。

2. 他在食品生產中不使用任何種類的有害藥劑。

3. 他飼養的動物都是健康的，並且受到友善、尊重和感激的對待。動物們被餵食的，沒有為了使牠們異常生長，或是純粹為了讓他們長成好食材的食物，被餵食的都是有益於牠們健康的食物。牠們沒有被限制在不健康的環境中，而是被賦予正常行動的自由，一切設施都只是為了保護牠們。

4. 他的漁獲或獵物，都取自天然環境中的湖泊、河流、陸地或海洋生物。他使用的工具能確保所有被捕獲的物種健康存活，無論它們是否要被食用。

5. 他只在未曾受到毒物污染的，健康、有活力的土壤上耕種。他會滋養土壤的活力，使農作物富含天然養分。他的農作物和土壤非常健康，他的耕作方式使得在農場裡吃昆蟲的鳥類和其他生物不會受到傷害。從他的土地上排出的任何水流，都不含傷害生命的化學物質。

以上是了解食物生產和採購自然法則的人的特徵。此外，你還必須確認獲取食物的所有環節中經手的都是適當人選。

在採購食物的過程中，不要牽扯到任何談論到疾病、恐懼或貧乏的人。與心懷感激的人交往，與懂得為充實生命力的食物歡喜讚賞的人交往，與樂於種植、收穫、料理、服務、享用食物的人交往，並且知道提供給所有人的最好食物從不匱乏。無論你面對的是出售你耕種土地的人，還是農民、屠夫、卡車司機、店員、廚師或餐廳服務生，這點都很重要。

除非以珍貴的、可充實生命的物資來看待而謹慎生產與運送，否則粗心生產或運送的食品不宜食用。你若是從天然來源採購食物的人，或者如果你與所有這些人都有直接而和諧的關係，這一點很容易實現。

認為以這種方式獲取食物太困難或太昂貴的城市居民，可再回顧本書【追求財富篇】，所有的疑問都會得到解答。他將被引導以正確的方式獲得想要的所有金錢，吸引到任何想要的資源。

當一個人有多種活力食物可供選擇時，他如何知道每一餐該吃什麼？這是唯一需要的指南：

吃你身體想要的東西，你的身體需要健康法則所要求的東西來創造極致健康。你的身體想要什麼，這件事並不複雜。當你確實感到非常飢餓時，食物會對你有很大的吸引力。咀嚼時，食物的味道令人愉悅。吃完飯後，你的身體會感到精力充沛和滿足。從你開

始進食的那一刻起直到第二天，沒有任何疲倦、煩躁、充血、疼痛、不適。在幾天、幾周和幾個月的時間裡，你會持續感到健康無恙。

這樣你就知道自己正在吃正確的食物，那麼你就不需要考慮應該吃什麼或不應該吃什麼。你體內的健康法則將指引你知道該吃什麼，就像它會指引你知道何時吃東西一樣。

如果你直到覺得飢餓之前都不吃東西，你將發現口腹之欲並不渴求不自然或不健康的食物。如果你與帶來快樂和感激的食物來源建立聯繫，你會更加提升吃天然健康食物的欲望。

當一個人變得懶於自制，背離本有的大智慧，抵擋不住嘴饞與唾手可得的誘惑時，就會付出健康情形走下坡的代價。若學會與大自然合伙，你會只需求於己有益之物，只吃自己需要的食物。

以正確的方式飲食，你就能達到極致健康。

第11章 · 養成細嚼細嚥的好習慣

> 食物應當咀嚼後再吞嚥，此事眾人皆知。既
> 然咀嚼食物是人的天性本能，那麼咀嚼得越仔細就
> 會越符合天性本能。當你把每一口食物都咀嚼成流
> 質，就不必擔心自己是否能吸收到完善的營養，因
> 為你吃的是根據天性法則取得的最佳食物。

咀嚼食物是人的天性，而細嚼慢嚥是令人厭煩、費
力的任務，還是讓人愉悅的過程，取決於你坐在餐桌前
的心態。

在用餐時，如果你的心思和態度會分神到其他事情
上，或者對於事業或家務感到焦慮或擔心，你就無法避
免會暴飲暴食或攝取不足。你要學會以科學方式生活，
這樣就不用擔心生意或家庭事務了，這是你能做到的。

你還必須安排好生活，以免因為其他人亂入而干擾
了你享用美食。如此一來，你才會學到在餐桌上全神貫
注於吃飯的行為。

必須強調的是，要在心態平和的情況下吃飯。在吃
餐桌上的食物之前，你應當滿懷感恩之情且心無旁騖，
在用餐時充分享受每口食物。用餐完畢之後，對於提供
食物給我們帶來生命活力的唯一造物者，仍須報以感激

之情。這些心智活動將有助於從食物中提取生命力，並讓體內的健康法則發揮全面的積極作為。

你用餐時必須專心致志地從這頓飯中獲得盡可能多的享受。在用餐完畢之前，不要讓任何事情將你的注意力從食物及其滋味上轉移。你當戒慎且有自信，只要遵循相關指引，你就會知道你吃的食物就是對的食物，為你的極致健康提供正面助力。

自信而愉快地坐在桌邊，享用適量的食物，哪個看起來正是你最想吃的就好好嘗嘗。選擇那些對你而言滋味美妙的食物，勝過你自認為對你好的。你若想獲得健康並持之以恆，你應當拋棄有益健康的事情才會去做的想法，取而代之的是你想要做什麼就去做。取用你最想吃的食物，滿懷感恩地感謝造物者讓你學會了如何以完美消化的方式享用，再適度吃上一口。

你的注意力不該集中在咀嚼動作上，而應聚焦在食物的滋味。品嘗並享受它，直到它變成流質而在不知不覺中嚥入喉嚨。別考慮時間問題，咀嚼再久都不成問題。細思食物的滋味，別讓眼光在餐桌上游移，造成你分心去盤算下道菜要吃什麼。別為了怕不夠吃而擔憂，那會使你錯失部分你本應享用到的。別急著猜想下一道菜的滋味，把心智都集中在嘴裡食物的滋味上。

當你學會怎麼做，並且克服了不咀嚼就狼吞虎嚥的

壞習慣之後，科學健康的飲食習慣就是個令人愉快的過程。用餐時最好別進行過多交談，保持好心情但話別說太多，有話等吃完以後再說。

在大多數情況下，需要運用一定的意志來養成正確飲食的習慣。狼吞虎嚥是違反天性的習慣，通常是恐懼所致——擔心食物會被搶走、擔心會錯失應該享用到的好東西、擔心我們會錯失寶貴時間等等，這些都是導致急躁的因素。畢竟，人們往往期待著美味的甜點佳餚而渴望能盡快享用，還有抽象的心智層面，像是在吃東西時心裡老是在思索其他事情，以上種種都必須克服。

當你發現自己的思緒走神時，請停下來。想想食物，想想它的滋味有多麼美妙，想想用餐後接著會進行的完美消化和吸收，如此想了又再想。這樣的思索一再重複進行，即使你在一頓飯中重複個二十次也無妨。想了又再想，你必須連續數週甚至數月，餐餐都這樣做，想當然耳你就能養成食品時尚主義者郝利思·弗萊澈（Horace Fletcher, 1849-1919）所主張的習慣。堅持下去，當你形成習慣之後，將會體驗到未曾經歷過的健康快樂。此點至關重要，我必須一再強調，直到它澈底地烙印在你的腦海裡。

有了適當的食材，經過充分料理，健康法則將積極地為你打造一個極致健康的身體。除了本書提出的方法之外，任何其它方式都很難完美地料理食材。想擁有極

致健康，你就必須按照本書所提到的方法進食。而且要做到這一點，你需要一點點毅力，相信你可以做得到。

你若做不到用停止吃東西這樣簡單的事情來自我控制，你要談何精神的自制？除非你能在 15 或 20 分鐘的時間內將注意力集中在用餐行為上，尤其是在所有味覺的享樂都能幫助你的情況下，否則談論注意力有何用？

繼續前進，征服阻礙。視情況而定，或許要經過幾週或者要經過幾個月，你會發現科學飲食的習慣已固定下來，很快你在心智和身體方面都會處於良好狀態，沒有什麼會誘使你返回過去的不良習慣。我們知道，如果一個人只思索極致健康的念想，他的內在就會以健康手法來運作，而為了思索健康的念想，必須以健康手法進行自主運作。最重要的自主運作是飲食，到目前為止，我們能看出以極致健康的方式用餐沒什麼特別的難度。

在此總結有關何時吃、吃什麼以及怎麼吃的說明，並附上原因：無論你多久沒有進食，除非你感到飢餓，否則切勿進食。這是基於以下事實：每當身體機制需要食物，而且也有能力來消化食物，潛意識就會通過飢餓感來宣告需求。

我們要學會辨識真正的飢餓，與因為無關天性本能的食欲引起的胃絞痛和垂涎三尺的感覺之間的差別。飢餓感向來不會伴隨著虛弱、昏厥或胃絞痛，這類無法讓

人承受的感受。

飢餓感是一種對於食物愉快的、有所期待的渴
望，它不會在特定時刻或事先制定的時間區間到來。
只有當身體準備好接受、消化和吸收食物時，飢餓感
才會萌生。

不要只吃你想吃的食物，在你居住之地能找到的優
良食物中挑選。造物者引導人類以天性本能挑選這些食
物，而且都是最佳選擇。當然，我指的是用來充飢的食
物，而不是那些僅僅為了要解嘴饞之癮或奇特口味而準
備的食物。引導人們利用主食來充飢的本能，是一種神
聖力量，造物者做了最好的安排，吃這些食物就對了。

在歡快的氛圍中愉悅自信地享用食物，從嘴裡每一
口滋味中獲得所有樂趣。將每一口食物咀嚼成流質，讓
注意力集中在整個享用的過程中，這是完美且成功用餐
的唯一方法，任何事情以完全成功的方法去做，結果總
是不會失敗。

**獲得健康與獲得財富的法則都一樣：你若使每一
次行動都成功，那麼你所有行動的總和一定也是成功
的。**當你以我所描述的心態、以我所描述的方式用餐，
它就會以完美的方式完成，在這過程中沒什麼需要再添
加的，而且成果會很圓滿。只要能圓滿用餐，消化、吸
收，建構健康身體的任務就能圓滿推進。

第12章 · 飢餓感與食欲是兩回事

「我應該吃多少？」這個問題的正解其實很容易發現。你若沒有感覺到飢餓，就沒必要吃東西，而當你覺得飢餓感開始在降低時，你就應該停止吃東西。永遠不要狼吞虎嚥，不要吃得飽又撐。當你開始覺得飢餓感有得到滿足時，就表示你已吃飽了，因為在你吃飽之前，飢餓感不會消失。

如果你依照上一章的指示吃東西，很可能在吃進平常食量的一半之前就會開始感到滿足，那就吃到這裡吧！再多吃也無益。無論甜點有多麼誘人，或者餡餅、布丁有多麼誘人，你若發現剛剛吃過的食物在一定程度上已緩解了飢餓感，就別再進食。飢餓感開始降低之後，無論你吃什麼，都是為了滿足味覺和食欲，並非為了解決飢餓，完全不是天性所需。如此不知節制，終究會造成危害。

這是你需要仔細觀察的一點，因為純粹為了感官滿足而飲食的習慣，在我們大多數人中根深蒂固。常見的甜點、甘甜誘人的食物，只是為了誘導人們都已經吃飽了還要再把食物塞進肚子裡，後果不堪設想。吃這些不健康食物的下場，往往就是把食欲放大了。

餐前飲酒也是如此。餐前飲酒與餐後甜點，兩者都會誘導你吃下比你本來需要吃的多得多的食物，使你難以將注意力集中在飢餓感的真正滿足。你會發現，如果你依照前面幾章的指示吃東西，再簡單的食物也會嘗起來像國王的美食，因為味覺就像所有其他感官，隨著你的能力整體提升，味覺會變得相當敏銳，你已懂得在尋常事物中找到全新的樂趣。

只為了飢餓而吃東西的人每一口都能獲得極大收獲，並且在飢餓感消失之際就停下不再吃，而貪吃者無法這樣享用餐點。潛意識在飢餓感消失時發出的信號，就開始暗示著用餐時間結束。

採取這種生活方案的人將會非常驚奇地發現，其實只要少量食物就能使身體保持在完美狀態。用餐量取決於工作量、肌肉鍛鍊量以及體溫需要保暖的程度。

冬天到森林裡整天揮舞斧頭的樵夫可以吃兩頓飽，但是整天坐在椅子上、在溫暖房間裡的腦力工作者不需要吃到三分之一餐，有時候連十分之一餐都不需要。大多數樵夫的食量是天性需求的兩到三倍，而大多數腦力工作者的食量則是天性需求的三到十倍，靠著身體系統來消除大量多餘廢料對生命力而言是一項負擔，隨著時間的推移，能量終究會耗盡，所謂的疾病遲早找上門來。

我們要從食物的滋味裡獲得一切可能的愉悅享受，但任何東西不要僅僅因為味道好就吃它。當你感覺到飢餓感降低時，就停止進食。

你只要稍加考慮就會發現，除了採用本書為你制定的計畫之外，你肯定沒有其他方法可以解決各式各樣的食物問題。至於適當的用餐時間，除了說只要你感到飢餓就該用餐之外，沒有別的辦法可以決定。這是個不必再爭辯的議題，正確的用餐時間就是這個，其他的時機點都是不當的用餐時間。

造物者的永恆智慧，決定了人們應該吃他們居住之地最好的食物。你所在之地的主食就是最適合你的食物，永恆智慧在人們的念想中發揮作用，教會他們如何通過烹飪以及其他手法為食物做最好的料理。

談到怎麼吃，你知道必須以平和的心態來咀嚼食物，而在咀嚼食物時，理性會告訴我們，咀嚼得越澈底越完美，效果就越好。再次強調，任何事情的成功都是通過使每項個別的行為本身取得成功來實現的。如果你**讓每一個行動，無論多麼微不足道，都成為一次澈底成功的行動，那麼由所有成功行動組合而成的任務就必定會成功**。如果我們每天的行動都成功，那麼一生的總體結果一定是成功的。

巨大的成功，是完成許許多多小事情，並且以完美

成功的方式完成每件小事的結果。如果每一個念想都是健康的念想，如果你生活中的每一個行動都以健康的方式進行，那麼你一定很快就會達到極致健康。

沒有什麼比將每一口食物都咀嚼成流質、充分享受滋味並保持愉快的心情，更成功、更符合生活規律的飲食方式了。無需添加任何事來使這個過程更成功，而如果減去任何事，此過程就不會是極致健康的過程。

在吃多少的問題上，你還會發現，沒有任何指引比我開出的在你感到飢餓感開始降低時立即停止進食的指引更自然、更安全、更可靠。信賴潛意識的指引，仰仗它在需要食物時暗地告知我們，並且信賴它會暗地通知我們需求何時得到供給。

如果所有的食物都是為了飢餓感而吃，而不是為了滿足貪愛美食而吃，那麼你永遠不會吃太多，而且如果你一有飢餓感就吃東西，那麼你總能吃飽。

當閱讀到下一章的總結時，你會發現健康飲食的要求其實非常少，而且簡單。符合天性的飲水方式在此幾句話就可以說完，若要謹遵科學法則，就是只喝水，不喝別的，渴了才喝，一渴就喝，不覺得渴就停止喝水。

如果你生活上遵循正確的飲食方式，倒不必在飲料方面實行禁欲主義或過度克制，偶爾喝一杯輕淡咖啡還可以。在合理的範圍內，隨俗配合眾人也無妨。

不要養成喝氣泡飲料的習慣，不要只是為了追求味蕾的刺激感而去喝含糖飲料。當你覺得渴就一定要喝水，即使只是感覺到一絲口渴，不要因為懶、不要因為覺得無關緊要、不要以忙碌為藉口而不喝水。你若能遵守這個準則，就不會想喝奇怪的、違反天性的飲料。

　　飲水只為止渴，只要一渴就喝水，不渴了就別再喝，這是為身體內部運作提供所需液態物質的極致健康之道。

第 13 章 · 謹守原則規律飲食

　　唯一存在體沉浸、滲透，且充塞於整個宇宙，存在於萬物之中並貫穿萬物。此存在體不僅僅是一種振動或能量形式，祂是有生命力的存在體。一切事物都是由祂構成的，祂即為一切，並且在一切之中。

　　唯一存在體會思考，並且會呈現出祂所思考的事物的形式。這個會思考的存在體，運用初始物質創造了形體，一個行為念想引動對應的實質作為。可見的宇宙及其一切形體和運作之所以存在，是因為它存在於初始存在體的念想中。

　　人類是初始存在體的形式之一，能夠思及最初始的念想，觀諸人的內在，念想具有控制與建構的力量。之於某個情況的念想，會生成該情況；之於某行為的念想，會引發該行為。人一旦思及病情的情景和體徵，他體內就滋生病情的情景和體徵。如果一個人滿腦子只想著極致健康，那麼他內在的健康法則就會維持在正常的狀態。

想保持健康，人就要為自己建構起極致健康的觀念，在觀照己身與世間萬物時保持與此健康觀念和諧的念想。他必須心無雜念只想著健康情景和健康運作，絕不能讓一絲一毫不健康或不正常的情景或運作的念想在腦海中占有一席之地。

為了只思及健康情景與健康運作，人必須以極致健康的方式進行自主的日常生活行為。一旦他知道自己以錯誤或不健康的方式生活，甚至只要他會質疑自己是否以健康方式生活著，極致健康就想都不必想。

當一個人以病人模式履行自主運作時，他就不可能萌生極致健康的念想。生命的自主運作是吃、喝、呼吸和睡眠，當人只考慮健康的條件和運作，並以極致健康的方式表現這些自主運作時，他一定擁有極致健康。

關於用餐，我們必須學會以飢餓感為指引，能夠分辨飢餓感和食欲的不同，以及飢餓感與習慣性欲求的差異，不覺得飢餓就別吃東西。要明白，本能的睡眠之後不會再出現真正的飢餓，人們對早餐的需求純粹是慣性以及食欲問題，嶄新的一天不應該以違背天性法則的飲食做開場。必須等到出現飢餓感再吃東西，在大多數情況下，一天的第一餐應該在中午左右開動。

不分條件、職業，在任何情況下，我們必須為自己制定的規則就是，不餓不吃東西，要記得，在覺得飢

餓之後禁食幾個小時比在開始感到飢餓之前進食要好得多。

即使你工作得很辛苦，挨餓個幾小時傷不了你，但你在不餓的時候把肚子填滿，無論你是否在辛苦工作，都將對你有害。如果你在飢餓感出現之前絕不吃東西，那麼就用餐的時機點而言，你肯定是以極致健康的方式進行。

相信造物者，相信祂會引導你的味覺找到身體所需的食物。不要在意有關熟食和生食、蔬菜和肉類的相對優點，也不必在碳水化合物和蛋白質的需求之間舉棋不定。

只在感到飢餓時才吃東西，享用由你居住地區的健康人士所提供的最好食物，並篤信這麼吃的效果最好。

不要追求奢侈品或進口貨，也別碰那些為了誘惑味覺而刻意加工的食品。盡可能吃原形食物，如果感到風味還不夠好，就在它變得美味時再吃。就吃什麼而言，你將會以極致健康的方式運作。我要再重複地說，如果你沒有飢餓感或對原形食物提不起興趣，就等到飢餓感來臨再吃。

在決定怎麼吃的時候，我們必須以理性為導引。對商務或相關事務的不當思考而產生匆忙和憂慮的異常狀

態，會導致我們養成吃太快、咀嚼太少的飲食習慣。

　　我們知道，憤怒或分散注意力的氣氛會擾亂消化過程。理性告訴我們，食物應該被咀嚼，咀嚼得越澈底，就越有利於消化的化學反應。

　　緩慢進食、將食物咀嚼成流質、全神貫注於整個過程的人，會比心不在焉、囫圇吞棗的人更能享受到味覺的樂趣。

　　為了以極致健康的方式飲食，我們必須一門心思愉快地享用、滿懷期待地用餐。我們應當細品食物的滋味，將每一口食物變成流質之後再吞嚥。若能遵循上述指引，進食的運作就會極致完善。關於吃什麼、何時吃、怎麼吃，就沒什麼需要再補充的了。

　　關於吃多少的話題，我們必須遵循同樣的內在智慧或健康法則所昭示的。當飢餓感降低時，就必須停止進食，超過此限度就不可為了解決嘴饞之癮而再吃東西。如果在內心對食物的需求停止的那一刻就停止進食，我們就永遠不會吃過多，因此就能以極致健康的方式來履行為身體提供食物的運作。

　　依天性本能進食是很簡單的事，以上所述的每件事，人人都可輕易操作。這方法一旦付諸實踐，必定能達到完美的消化與吸收，所有與此事有關的焦慮和旁枝末節都會立即從腦中退散。每當你感到飢餓時，滿懷感

恩之情享用面前的各種天然食物，每一口都嚼成流質，直到飢餓感消失時就不再進食。

當你用餐時，就像在其他任何時候一樣，只須思及健康狀況和正常運作，然後享用你所吃的食物。在餐桌與人交談時，就只談談食物的美味以及它給你帶來的樂趣。永遠別說你不喜歡這個或不喜歡那個，只須談談那些你喜歡的事情。避免談論食物健康或不健康，絕對不要提及不良善之事。

如果餐桌上有任何你不關注之物，就默默跳過它，或者為它略進美言，永遠不要批評或反對任何事物。帶著喜樂和專一的心享用食物，讚美造物者並滿懷感恩。讓「堅持不懈」成為你的口號，每當你狼吞虎嚥的老習慣又犯時，或又萌生不當念想和言語時，要快快振作，重新再開始。

你應成為能夠自制與自我引導的人，要做到這樣，你必須在簡單而基本的事情上掌控自己，比如用餐的行為與方式。如果你在這方面無法自制，你就無法在任何有價值的事情上控制自己。

另一方面，如果你執行上述指示，你可以放心，就正確的思維和正確的飲食而言，你已經以完全科學的方式生活著，而且也可以放心，如果依照接下來的章節所述實踐，你很快就能使身體達到極致健康的狀態。

第 14 章 · 極致健康的呼吸方式

呼吸功能，是人體的重要機制，它與生命的延續迫切相關。人不睡覺能活好幾個小時，不吃不喝可以活好幾天，但若失去呼吸則只能活幾分鐘。人的呼吸行為是非自主的，但呼吸方式以及為了確保健康而調整呼吸來營造適當條件則屬於意志的範疇。

人會持續非自主地呼吸，但他可以自主決定他應該呼吸什麼，以及他應該呼吸多麼深和多麼澈底。他可以自主地使體能機制保持良好狀態，以完美地發揮作用。

你若希望以極致健康的方式呼吸，在此過程中使用的體能機制就必須保持良好狀態，此點至關重要。脊椎必須保持適度挺直，胸部肌肉必須靈活且伸展自如。如果你的肩膀嚴重前傾，胸部凹陷僵硬，你就無法以正確的方式呼吸。坐著或站著工作時，稍微彎腰的姿勢往往會導致胸部凹陷。提舉或重或輕的東西時也是。

幾乎所有類型的工作都會導致肩膀向前拉，脊椎彎曲，胸部變平，如果胸部嚴重扁平化，那麼充分而深長的呼吸就難以做到，極致健康就無從談起。

人們設計了各種健身操來抵消工作時彎腰的影響，例如雙手懸掛在單槓上，或者坐在椅子上，雙腳放在一

些沉重的家具下，向後彎曲直到頭部接觸地板等。所有這些方法都不錯，但很少有人能有足夠長的時間、定期照表操課，以達到體能的實質長進。進行任何形式的健身訓練，都是沉重且沒必要的。

還有更本能、更簡單、更好的方法。這個更好的方法是挺直身體，然後深呼吸。為自己建立起你是個完全直挺挺的人的心理印象，只要你想到此事，務必立即擴胸、向後聳肩、挺直身體。一旦這麼做，就慢慢大口吸氣，直到吸滿肺部為止。盡可能吸入所有空氣，讓空氣在肺部保持片刻的同時，將肩膀進一步向後推，並伸展胸部，同時嘗試將脊椎在肩膀之間向前拉，再輕鬆地呼出空氣。

這是一個保持胸部飽滿、靈活和良好狀態很好的練習。挺直身體，讓肺部充滿空氣，伸展胸部並挺直脊椎，輕鬆呼氣。無論何時何地，無論什麼季節，無論什麼時候，你都要重複此練習，直到你養成這個習慣，這件事並不難辦到。

每當你走出家門呼吸新鮮純淨的空氣時，做個深呼吸。當你在工作，思及自己與職務時，做個深呼吸。當你和別人在一起，想起呼吸這件事時，做個深呼吸。當你在夜裡醒來，做個深呼吸。無論你在何處或在做什麼，只要萌生此念想，就挺直身體並深呼吸。如果你徒步上下班，請一路進行此練習。很快地，深呼吸會成為

你的一項樂趣，你會堅持下去，除了為健康，也是為了樂趣，不要把它當作辛苦的操練。

　　避免通過健康鍛鍊或體操來讓自己恢復健康。這樣做就是承認疾病是真實存在的事或有其可能性，而這恰恰是你不該做的事情。那些總是為了健康而鍛鍊的人，腦子裡的疾病陰影始終揮之不去。

　　保持脊椎挺直、強壯，就像保持臉部清潔一樣，應該是一件讓你感到自豪的事情。保持脊椎挺直，維持胸部的飽滿與靈活，如同保持雙手清潔、修剪指甲一般，否則就是不修邊幅。這樣做時別思及病情，無論在當下或是未來可能會患病。

　　你要嘛體態不正、不好看，要嘛就直挺挺的，如果你是直挺挺的，呼吸就會渾然天成。後面的章節會再次提到健康訓練的議題。

　　然而，至關重要的是，你應該呼吸空氣。由天性本能的訴求來看，肺部應該接收含有一定比例氧氣的空氣，並且不被其他氣體或任何型態的穢物嚴重污染。

　　別讓自己在空氣不適合呼吸的地方生活或工作。如果你家的通風不良，請搬家。如果你在空氣品質較差的地方工作，你可以另謀高就。

　　若沒人願意在空氣不佳的環境工作，雇主會迅速確保所有的工作空間都保持良好通風。最糟糕的空氣，

是充滿有毒化學氣體的空氣（包括二手煙和其他各種煙霧；油漆、塑膠、汽油和其他石油產品、溶劑、膠水、化學合成物製成的地毯和家具，甚至家事清潔所產生的煙霧），其次是充滿黴菌、石棉或工廠灰塵微粒的空氣，還有像是狹小隔間、人群聚集的教堂、劇院等空間的空氣，每一口呼吸都讓人覺得氧氣快被耗盡，壞空氣的排出與好空氣的供給都很差。

空氣中還有氧氣和氫氣之外的其他天然氣、下水道氣體和腐爛物品產生的臭氣。含有家庭灰塵或花粉的空氣，或許比以上任何一種都更能忍受，**除了食物之外**的有機物小顆粒，比進入血液的氣體更容易從肺部排出。

「除了食物之外」這樣的說法，是經過深思熟慮的。空氣，在很大程度上是一種食物，它是我們攝入體內最澈底有生命力的東西。每次呼吸都承載著生命力，來自泥土、草、樹、花、植物以及烹飪食物的氣味，本身就是食物。它們是其來源物質的微小顆粒，並且通常非常稀薄，以至於它們直接從肺部進入血液，並且不經消化就被吸收。整個氣氛都洋溢著唯一初始存在體的氣息，亦即生命力。每當想到你的呼吸時，有意識地認知此事，並認為你正在用力吸入生命力，有意識的認知有助於此過程。要特別小心，別吸入包含有毒氣體的空氣，也不要重複吸入自己或他人使用過的空氣。

第 15 章 · 極致健康的睡眠習慣

　　生命力會在睡眠之中得到更新，所有的生物都需要睡眠。人類、水陸動物、爬行動物、魚類和昆蟲都要睡覺，甚至植物也有規律的睡眠時間。這是因為，我們在睡眠中與自然界的生命法則會有密切接觸，使生命能夠新陳代謝。

　　在睡眠中，我們的大腦會得到生命能量的補充，體內的健康法則也為身體補充全新力量。因此，最重要的是我們應該以自然、正常和極致健康的方式睡眠。

　　通過對睡眠的研究，我們注意到睡眠時的呼吸比清醒狀態更深、更有力、更有節奏感。睡眠時吸入的空氣比清醒時吸入的空氣多得多，這告訴我們，健康法則需要空氣中大量的某些元素來達成新陳代謝。

　　如果你希望在本能情況下睡眠，第一步就是確保你有吸到飽的新鮮純淨空氣可供呼吸。醫生們發現，在戶外純淨的空氣中睡覺對於治療肺部疾病非常有效，並且結合本書提供的生活方式和思維方式，你會發現它能有效治癒其他各種問題。

在睡眠時確保空氣潔淨的措施，不可半途而廢。臥室要保持通風，這樣就與戶外睡覺沒有兩樣。把門或窗敞開，可以的話，在房間的每一側都開個氣口。如果房間內空氣流通不暢，請將床頭拉近打開的窗戶，這樣外面的空氣就會盡可能被送到你面前。無論天氣多寒冷或多讓人不舒服，窗戶都要打開，能開多大就開多大，並試著讓純淨的空氣在房間內循環，若有必要，可鋪上床單來保暖，還能持續供應來自戶外的新鮮空氣，這是健康睡眠的首要條件。

如果在死氣沉沉、停滯不動的空氣中睡眠，大腦和神經中樞就不能澈底活化。你必須擁有活力滿滿的生命本能法則所建構的，生機盎然的氛圍，再次強調，此事不可有任何妥協。保持臥室完全通風，並在睡覺時確保空氣流通。一年四季無論春夏秋冬，只要你緊閉臥室門窗，你的睡眠就無法符合極致健康的生命法則。

> 睡眠時能呼吸新鮮空氣最好。如果空氣不新鮮，請易地而眠。如果臥室不通風，快快換房間。

你入睡時的心態也很重要。明智的、有目標的睡眠，並且明白自己這麼做的目的，是件好事。躺下時，想著睡眠是功效顯著的活力妙方，確信你的力量會因此得到更新，帶著這般篤定的信念入睡，醒來時就會健康飽滿且活力充沛。帶著這樣的目標入睡，就像你帶著目

標用餐那樣，睡前集中注意力做好思想準備，然後睡個好覺。

別帶著沮喪或哀傷的心情窩到床上去，開心地去窩著，療癒自己。入睡前別忘了感恩，在闔眼之前感謝造物者把極致健康之道展示給你，再帶著這分感激之情進入夢鄉。

睡前的感恩禱告，是件極好之事。感恩禱告能使體內的健康法則與其源頭建立連結，當你處於無意識的靜默時會因此獲得新的力量。

你會發現，極致健康睡眠的要求並不困難。首先，確保你在睡覺時呼吸到戶外的純淨空氣；其次，在入睡前進行幾分鐘的感恩冥想，讓內在與存在體建立連結。依此辦理，然後帶著感恩和自信的心態入睡，一切都會好起來的。

不必擔心失眠。當你躺著尚未入睡時，整理自己的健康觀念，懷著感恩的心思索你所擁有的豐盛生活，深呼吸，全然相信自己可以及時入睡，一定會的。失眠，如同其他各種病情，會在健康法則所引動的充分積極作為下退散。

至此你會明白，以極致健康的方式履行生活的自主運作並不麻煩或讓人不悅。極致健康的方法，是最簡單、最自然、最愉快的方法，培育健康不是在藝術創

作，也不是困難或艱苦的勞務。你只需拋開各種尋常人的慣例，以最自然、最愉快的方式吃、喝、呼吸、睡覺，你只要這麼做，想著健康，一心只想著健康，就能保你健康無恙。

第16章 · 極致健康的進一步探討

在形成健康觀念時，有必要考慮如果你身體健康且非常強壯，你將如何生活和工作。想像自己的行事風格如同一個完美且非常健壯的人，直到你對自己健康的模樣有相當好的概念。接著採行與此觀念相協調的身心態度，而且別偏離此態度。

必須在念想上將自己與你所渴望的事物達到協同一致，無論你在念想上與自己協同一致的是什麼狀態或狀況，你的身體狀況很快也會協同一致。**科學的方法是與你不想要的一切斷絕關係，並與你想要的一切建立關聯。**形成極致健康的觀念，並讓自己在言語、行為和態度上與這個觀念聯繫起來。

謹防你的言論，讓每個字都與極致健康的理念協同一致。永不抱怨，永遠不要說類似以下的話語：我昨晚沒睡好、我的一側疼痛、我今天感覺不太舒服等等；要說：我期待今晚睡個好覺、我可以看到我的明顯進步，等等類似意義的話語。就所有與疾病相關的事情來說，最好的方法就是將之拋諸腦後；就所有與健康有關的事情來說，你的方法就是在念想和言語上把自己與健康結合起來。

簡言之，整件事情就是這樣：讓自己在念想、言語和行動上與健康合而為一，不要通過念想、言語或行動將自己與疾病聯繫起來。

遠離醫療書籍或相關資料，以及理論與本書所言有衝突的文獻。做這些事只會破壞你對於已然開展的生活方式的信心，導致你再次陷入與疾病的精神聯繫。本書能為你提供所需的一切，不遺漏任何重要內容。

健康之道是一門精確的科學，就像算術一樣。基本法則是不必再添加任何內容的，若刪去任何內容，則將導致失敗。你若能謹遵本書提供的方式生活，就能健康無恙。你當然應該在念想和行動上遵循這個方式。

不僅讓你自己，而且盡可能讓所有其他人，在你的念想中與極致健康聯繫起來。當人們抱怨時，甚至當他們生病和受苦時，你無須給予同情。可以的話，將他們的念想導引到建設性的管道。盡你所能幫助他們緩解壓力，同時也要牢記健康理念。

別讓人們找你講述他們的痛苦並向你陳述他們的症狀。將談話導向其他議題，或找藉口避開。與其讓人們把疾病念想強加於你，你寧可被視為是個冷漠的人。

你與那些以病情和照料病患為話題的人在一起時，盡可能忽略他們的話語，應該在內心為你的極致健康祈

禱。如果這不能讓你排除與他們有關的念想，那就揮別並暫離他們。

　　無論人們怎麼想或怎麼說，講究禮貌不表示容許你被病情或不當的念想毒害。當世上有了成千上萬個開明心態者，不再停滯於人們只會抱怨和談論疾病時，世界將會迅速走向健康者的新天地。你若允許人們向你談論疾病，就是在助長他們將疾病四處擴散。

　　當我身陷苦痛時，該怎麼辦？一個人身體在遭受實際的痛楚時，還能一心只想著健康嗎？是的，不必抗拒疼痛，有此認知是件好事。疼痛是由於健康法則努力克服某些違反天性的狀況而引起的，這是你必須知道和感受的。當你感到疼痛時，想像患處正在癒合的過程，並在精神上給予協助和配合。讓自己在精神上與引起疼痛的力量完全協同一致，幫助它，幫助它向前推進。

　　必要時，請放心使用熱敷及相關手法來助力進行中的有益作為。如果疼痛劇烈，就躺下來，集中注意力，安靜地、輕鬆地與對你有益而發揮作用的力量合作。

　　這是鍛鍊感恩之情和信念的時候。感謝造成疼痛的健康力量，並確信一旦順利運作，疼痛就會停止。要滿懷信心地將你的念想錨定在健康法則上，它為你營造的內在條件會很快就使痛楚變得沒有必要。你會驚奇地發

現你可以如此輕鬆地克服病情，當你以這種科學的方式生活一段時間後，痛苦對你而言就成了陌生之事。

當我太虛弱而無法工作時，該怎麼辦？我應該超越自己的力量，相信造物者會援助我嗎？我應該像跑者一樣繼續前進，等待風再起時而御風前行嗎？不，最好不要。你開始這樣生活時，體力會變得不太正常，身體狀況會逐漸由低水位提升到較高的水位。

如果你在精神上將自己與健康和強壯聯繫起來，並以極致健康的方式自主進行日常生活的運作，你的力量將會與日俱增，但在一段時間內，你可能發現有時自己的力量不足以完成你喜歡做的事。在這時候就歇一會兒，並表達感激之情，認知到你的力量正在迅速增長，並對賜予力量的造物者心懷深切的感激之情。

不妨在感恩和休息中度過片刻的虛弱時光，並充分相信強大的力量就在眼前，然後站起來繼續前進。

當你在休息的時候，別只想著當前的軟弱，多想想即將擁有的力量。任何時候，都不要認為自己正屈服於軟弱之下。休息時，譬如要睡覺時，把注意力集中在健康法則上，這會為你打造全然強大的力量。

對於年年導致無數人喪命的便祕，這個大麻煩應當如何處置？不用擔心。閱讀郝利思·弗萊澈的《我們自己的營養的 A,B-Z》，並充分了解他對這一事實的解

釋：當你按照科學計畫生活時，需要消除的物質就會少得多，你自然會被引導去多吃植物性食物來解決這個問題。

雜食型的人所吃進的脂肪、肉類和澱粉，有時是身體系統可利用的三到十倍，有大量廢物需要處理，已超出植物性食材可以協助處理的範圍，但如果你按照我們所描述的方式生活，情況將會大為改善。

如果你只在自己感到飢餓時才吃東西，並且每一口都咀嚼成流質，並且如果你在開始意識到飢餓感降低的那一刻就停止進食，那麼你將為消化和吸收做好充分的實質準備，所有的食物都能被吸收，在腸道中殘留的物質就很少而可以被輕易排出體外。如果能夠將你在醫療書籍中讀過的內容，以及那些與便祕有關的成藥廣告完全從記憶中消去，就能把這些事情從你的念想中驅散。這個問題會被健康法則解決掉。

但如果你的心裡一直對便祕懷有恐懼，那麼有空時就用溫水暖暖結腸會是個好主意。即使此舉於事無補，只是為了讓你擺脫恐懼的過程變得更容易些，還是很值得一做。一旦你看到自己有了良好進展，而且也在減少食物的數量，以真正科學的方式飲食，就可以永遠將便祕從你的腦海中逐出，你與它已形同陌路。

> 相信內心的健康法則，它能夠為你帶來極致健康。通過對生命法則（即唯一存在體）的虔誠感激來與祂聯繫起來，並歡欣鼓舞地繼續前進。

來點運動如何呢？每天適度全面的運用肌肉，對每個人來說都很好，而實現這一點的最好方法就是通過某種形式的遊戲或娛樂來做到。以本能的方式運動，把運動當成娛樂，而不僅只是為了健康而被迫操作的費力特技活動，像是騎馬或騎自行車，打網球或打桌球，或者是純粹扔扔球。

從事一些業餘愛好，比如園藝，每天花個一小時，既快樂又有益。有一千種方法可以讓你充分運動，以保持身體柔軟和血液循環良好，但又不會陷入為了健康而運動的老把戲。

為了樂趣或有益身心而運動，因為你太健康了所以要運動，不應該坐著不動，而不是因為你希望變得健康或保持健康。

是否需要長期持續禁食？通常不必，即使曾經禁食過。健康法則通常不需要你用 20、30 甚至 40 天來禁食，在正常情況下，飢餓感發生的時間會少得多。在大多數長時間的禁食中，飢餓感之所以不會來得更早，是因為它被禁食者自己抑制了。有的人因為恐懼而開始禁食，如果不是真的想要禁食，飢餓感會在很多天後到

來。有的人先讀過有關禁食的文獻讓他做好了心理準備，期待一場漫長的禁食，他下定決心要完成任務，讓時間盡可能長。潛意識在強大而積極暗示的影響下，把飢餓感給抑制住了。

有時出於任何原因，天性本能消弭了你的飢餓感，你高高興興地繼續著你的例行工作，在飢餓感再度來襲之前不進食。無論是兩天、三天、十天或更長時間，你都可以完全確定，當你該吃飯的時候你就會餓。如果你樂觀篤定並保有對健康的信心，你就不會因為克制食欲而覺得虛弱或不適。

當你不餓的時候，無論禁食多久，不吃東西都會比吃東西感覺更強壯、更快樂、更舒服。依照本書提到的科學方式生活，你就不需要長時間禁食，你甚至錯過不了幾餐飯，而且你會比以前更享受你的飯菜。

在吃東西之前，要先感受到該有的飢餓感，每當你感到飢餓時，就吃東西。

　　健康，是指完全依天性本能運作，正常的生活。人類是至高存在體的形式之一，健康法則也蘊藏在人類體內。當這一健康法則處於充分的建設性活動中時，會使人體的所有非自主運作得到完美發揮。人是會思考的存在體，念想滲透在有形的身體中，身體的運作過程受念想所控。

　　宇宙有其生命法則，此法則來自造物者這個存在體，萬物都是由祂所構成。此存在體沉浸、滲透且充塞整個宇宙。在不可見的狀態下，祂存在且貫穿所有形式，而所有形式都由其構成。

　　這個宇宙大存在體是會思考的存在體，其形式依其念想而定。抱持著念想的形式，形式由念想所創，行為的念想引動了相關作為。祂總在思索，也持續不斷創造著。祂必須繼續向更充分、更完整的自我展現去推進，這意味著邁向更完整的生活和更完美的運作，也意味著邁向極致健康。

　　存在體的力量必須持續發揮以實現極致健康，這是一切事物完美運轉的力量。

> 萬物都充滿著促進健康的力量，我們可以將自己
> 與這種力量聯繫起來，與之結盟協力，也可以在念想
> 上將自己與之區隔開來。

　　當一個人只想著極致健康的念想時，他身體內部的運作過程就會是極致健康的。**邁向極致健康的第一步，必須先為自己形成極致健康的觀念，並以極致健康者的行事之道與方法做所有事情。**形成此觀念之後，就必須在一切念想中將自己與之聯繫起來，並且在念想上斷絕一切與疾病和虛弱的聯繫。

　　如果他這麼做，並且以積極信念思索健康念想，就能使內在的健康法則變得積極而活躍，治癒所有病痛。通過信念，他可以從普遍的生命法則中獲得額外的力量，並且可以通過懷著虔誠的感激之情仰望此生命法則，感謝祂賦予他健康，讓信念更加堅定。如果一個人有意識地接受存在體不斷賦予他的健康，並且對此表示適當的感激之情，他的信念就會更堅定。

　　人在思及極致健康的念想之外，還要以極致健康的方式履行生命的自主運作。這些自主運作是吃、喝、呼吸和睡眠。如果一個人一心就掛念著健康，對健康有信心，以極致健康之道吃、喝、呼吸、睡眠，他一定會擁有極致健康。

健康，是按照特定方式思考和行動的結果，如果一個生了病的人開始以這種方式思考和行動，他內在的健康法則就會發揮建設性的作用，治癒他所有的疾病。

這個健康法則放諸四海皆準，並且與大宇宙的生命法則相關。它能夠治癒一切疾病，只要按照健康之道思考和行動，它就會發揮作用。因此，每個人都可以獲得極致健康。

吸引力法則

失落的致富經典作者所有論述完整收錄，
追求財富，邁向卓越，極致健康，
召喚宇宙大智慧讓你夢想成真的終極指引

作　　者／華勒思·華特斯
譯　　者／馮國濤
美術編輯／達觀製書坊
責任編輯／twohorses

企畫選書人／賈俊國

總　編　輯／賈俊國
副總編輯／蘇士尹
編　　　輯／黃欣
行銷企畫／張莉滎、蕭羽猜、溫于閎

發　行　人／何飛鵬
法律顧問／元禾法律事務所王子文律師
出　　版／布克文化出版事業部
　　　　　115 台北市南港區昆陽街 16 號 4 樓
　　　　　電話：(02)2500-7008 傳真：(02)2500-7579
　　　　　Email：sbooker.service@cite.com.tw
發　　行／英屬蓋曼群島商家庭傳媒股份有限公司城邦分公司
　　　　　115 台北市南港區昆陽街 16 號 5 樓
　　　　　書虫客服服務專線：(02)2500-7718；2500-7719
　　　　　24 小時傳真專線：(02)2500-1990；2500-1991
　　　　　劃撥帳號：19863813；戶名：書虫股份有限公司
　　　　　讀者服務信箱：service@readingclub.com.tw
香港發行所／城邦（香港）出版集團有限公司
　　　　　香港九龍土瓜灣土瓜灣道 86 號順聯工業大廈 6 樓 A 室
　　　　　電話：+852-2508-6231　　傳真：+852-2578-9337
　　　　　Email：hkcite@biznetvigator.com
馬新發行所／城邦（馬新）出版集團 Cité (M) Sdn. Bhd.
　　　　　41, Jalan Radin Anum, Bandar Baru Sri Petaling,
　　　　　57000 Kuala Lumpur, Malaysia
　　　　　電話：+603- 9056-3833　　傳真：+603- 9057-6622
　　　　　Email：services@cite.my
印　　刷／韋懋實業有限公司
初　　版／2024 年 5 月
定　　價／380 元
Ｉ Ｓ Ｂ Ｎ／978-626-7431-28-3
Ｅ Ｉ Ｓ Ｂ Ｎ／9786267431313（EPUB）

城邦讀書花園　布克文化
www.cite.com.tw　www.sbooker.com.tw